005 漢字カラーマス

016 さいころマス目数字カード

040 サンダルビート板

055 靴ひも縛れるくん

098 穴から抜いて抜いて

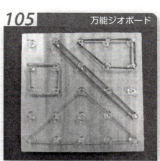
105 万能ジオボード

知的障害・発達障害の教材・教具

【編著】三浦 光哉

117
いいな

知的障害・発達障害 の 教材・教具117

目　次

教材・教具とは

1. 教材と教具の違い ……………………………… 1
2. 障害児への自作の教材・教具 ………………… 1
3. 教育指導における "教材観" …………………… 2
4. 教材・教具と評価 ……………………………… 3
5. 本書の教材・教具 ……………………………… 3

教材・教具117事例集

国　語

001	国語（聞く）	ペープサート（まこちゃんのじどうしゃ）	6
002	国語（読む）	特殊音節が読めるもん	7
003	国語（読む）	文章の読み用スリット	8
004	国語（読む）	簡単！漢字回転窓	9
005	国語（書く）	漢字カラーマス	10
006	国語（書く）	漢字と絵のマッチング	12
007	国語（書く）	漢字分解、語呂合わせ	14
008	国語（書く）	間違い漢字探し（9分割）	16
009	国語（書く）	漢字ドロップ	18
010	国語（書く）	フラッシュ漢字	19
011	国語（書く）	ピン動かし書字練習ボード	20
012	国語（文章）	写真を見ながら簡単！文章	21
013	国語（文章）	感情表現を入れて簡単！作文	22
014	国語（辞書）	国語辞典の引き方手順	24

算　数

015	算数（数）	数字のマッチングシート1～100	26
016	算数（数）	さいころマス目数字カード	27
017	算数（計算）	文章読解＆加減乗除キーワード	28

018	算数（計算）	かけ算わり算の筆算手順表	30
019	算数（計算）	何点入るかな？得点計算箱	32
020	算数（数量）	たくさん入れよう、大きい口・小さい口	33
021	算数（数量）	多い少ない比べボード	34
022	算数（数量）	重い軽い比べ棒	35
023	算数（測定）	定規の読み方表・単位表	36
024	算数（時刻）	読み方お助け時計	37
025	算数（図形）	透明な立体・体積	38

音　楽

026	音楽（歌唱）	音程が上手に取れるよ	39
027	音楽（歌唱）	♪ラッコのこもりうた♪	40
028	音楽（歌唱）	♪△と１・２・３・４・５の絵描き歌♪	42
029	音楽（リズム）	音符の違い	44
030	音楽（楽譜）	音符なぞなぞ	45
031	音楽（楽器）	ヒラヒラちょうちょ	46
032	音楽（楽器）	グー、チョキ、パーでピアノが弾けるよ	47
033	音楽（楽器）	リコーダー運指マスター	48

体育・保健

034	体育（整列）	テニスボールマーカー	49
035	体育（陸上）	ハンガーミニハードル	50
036	体育（器械）	前転（前回り）お助けハンガー	51
037	体育（ボール）	ドリブルお助けベルト	52
038	体育（ボール）	簡単シュート練習カゴ	53
039	体育（ボール）	風船バレーお助け棒	54
040	体育（水泳）	サンダルビート板	55
041	体育（保健）	簡単手作り男性器	56
042	体育（保健）	私のからだ	57
043	体育（賞賛）	カラーマグネットメダル	58

英　語

| 044 | 英語（読む） | 自分で覚えるアルファベット | 59 |
| 045 | 英語（読む） | 身近にある英語表記 | 60 |

046	英語（読む）	英文が簡単に読めるもん	62
047	英語（書く）	大文字小文字セットで覚えるアルファベット	64
048	英語（書く）	似ているアルファベット小文字の区別	65
049	英語（書く）	絵で覚える英単語スペル	66

日常生活

050	日生（整理）	文房具は箱に入れて	67
051	日生（朝の会）	個別の予定表	68
052	日生（朝の会）	お天気マーク	69
053	日生（身支度）	着替えボックス	70
054	日生（身支度）	楽々！はけるくん	71
055	自立（身支度）	靴ひも縛れるくん	72
056	日生（身支度）	バックル　はずしくん／はめるくん	73
057	日生（食事）	自分ですくって食べよう	74
058	日生（食事）	バランスよく食べよう	75
059	日生（清掃）	ぞうきん掛けお助けグッズ	76
060	日生（清掃）	そうきん　掛けるぞ！	77
061	日生（清掃）	ぞうきん絞り練習棒	78
062	日生（清潔）	トイレットペーパー上手に破るもん	79
063	日生（会話）	いつでもどこでもコミュニケーションカード	80
064	日生（約束）	約束カード、たくさんあるよ！	81

生活単元

065	生単（調理）	マイ調理セットで自立するぞ！	82
066	生単（調理）	カレーライスは一人で作れるよ	83
067	生単（行事）	準備万端！修学旅行の事前学習	84
068	生単（行事）	お祝いグッズ、音が鳴らないクラッカー	85
069	生単（人権）	選挙の仕組みを知ろう	86
070	生単（販売）	プランター植え付けの補助具	88
071	生単（販売）	包装紙のラベル貼り補助具	89
072	生単（制作）	風船の灯り（張り子）の補助具	90
073	生単（制作）	花壇の棚を作ろう①（切断）の補助具	91
074	生単（制作）	花壇の棚を作ろう②（組立）の補助具	92
075	生単（制作）	ボタンアートの補助具	93
076	生単（制作）	簡単折り紙ひっつきシート	94

作業学習

077	作業（木工）	釘ピンセット	95
078	作業（紙工）	らくらく型抜きくん	96
079	作業（陶芸）	オリジナル石膏型と作業マニュアル	97
080	作業（陶芸）	簡単！泥しょうリサイクル	98
081	作業（縫製）	エコバック製作ジグ	99
082	作業（縫製）	きれいに縫えるくん	100
083	作業（園芸）	種植えキット	101
084	作業（清掃）	車内マットの清掃手順	102
085	作業（清掃）	ピカピカ洗車手順	103
086	作業（接客）	サービス向上！接客マニュアル	104
087	作業（木工）	プランターカバーを作ろう（切断）の補助具	105

SST

088	SST（場面）	絵カードを見て場面が分かるもん	106
089	SST（場面）	短い映像を見て場面が分かるもん	107
090	SST（場面）	漫画カードで場面が分かるもん	108
091	SST（場面）	すごろくで遊ぼう、ソーシャルストーリー	110
092	SST（感情）	写真で顔の表情が分かるもん	112
093	SST（感情）	絵カードを見て人の感情が分かるもん	113
094	SST（感情）	風船で気持ちの大きさ比べ	114
095	SST（感情）	気分爽快シュレッダーマシン	115
096	SST（行動）	文章やセリフを読んで行動ができるもん	116
097	SST（行動）	盗癖を防止する見通しボード	118

自立活動

098	自立（手指）	穴から抜いて抜いて	120
099	自立（手指）	ペンを握って書けるもん	121
100	自立（運動）	ひっぱるくん	122
101	自立（運動）	楽々！車いす	123
102	自立（弁別）	色弁別シリーズ	124
103	自立（視知覚）	ペットボトルでビー玉ころころ	125
104	自立（視知覚）	ビー玉ころがし迷路箱	126
105	自立（視知覚）	万能ジオボード	127
106	自立（視知覚）	近道を通って速く速く	128

107	自立（視知覚）	ビジョントレーニングで目の体操	130
108	自立（視知覚）	体を使ってマネマネ体操	132
109	自立（食事）	コップで上手に飲めるもん	134
110	自立（食事）	何が出るかな？お弁当箱	135
111	自立（生活）	パソコンのキーボード補助具	136
112	自立（生活）	宅配便伝票で住所スラスラ	137

進路学習

113	進路（挨拶）	働く大人になるために…敬語宣言！	138
114	進路（挨拶）	敬語の使い方バッチリ！ホウ・レン・ソウ・カード	139
115	進路（挨拶）	入室は、大きな声ではっきりと	140
116	進路（マナー）	社会人マナーチェックカード	141
117	進路（生活）	生活費の簡単分類カード	142

資　料

◆資料1	＜国語＞	各学年漢字表（第1学年～第6学年）	144
◆資料2	＜国語＞	漢字間違い探し　漢字頻度出現表	146
◆資料3	＜英語＞	アルファベット大文字小文字セット（絵カード26語）	151
◆資料4	＜英語＞	絵で覚える英単語スペル（絵カード12単語）	156

文献

あとがき

教材・教具とは

１．教材と教具の違い

　教材と教具は、どこが違うのでしょう。その違いを明確にしている教師は、意外と少ないのではないでしょうか。また、表記の仕方でも「教材・教具」なのか「教材教具」なのか、混同されているようです。

　『日本大百科全書』（伊東亮三）では、「この用語は、不明確なままで使用されており、厳密な定義をすることは困難である。教材と教具とが、ほぼ同一の対象を指示するものとして教材教具と連語でよぶ場合もあれば、教育目的を達成するための材料（内容）を教材といい、教材を効果的に児童・生徒に習得させるための道具を教具とよんで、両者を区別する場合もある。今日では、教材と教具とを明確に区別して使用する場合が多いが、教科によっては両者を区別しにくいこともある。」と述べています。また、筑波大学教育開発国際協力研究センター (2006) では、「教材とは教育目標と児童生徒の発達と現状とを直結するために、教師が意図的に示す教育学上の素材を意味し、教具とは教育の方法または手段として使われる具体的な道具を意味すると言われる。もっとも、実際には教材と教具とは区別されにくいことが多く『教材・教具』と併記して用いられている。障害児教育においては、指導の効果を一層高めるため、一人一人の障害の状態、発達の状態、興味、関心、学習課題など、一人一人の児童生徒に対応するような教材・教具の創意工夫が行われている。」と述べています。

　このようなことから一般的には、教材とは子供に教えようとする<u>内容や素材</u>のことであり、教具とはそれを教えるための具体的な<u>道具や物</u>と解釈することができます。子供に教える場合には、より分かりやすく、そして、興味・関心が持てるような教材を設定する中で、教具を用いて具体的操作を通しながら理解を深めていくということになるでしょう。

　一方、表記の仕方については、特別支援学校学習指導要領（2010，文部科学省）において、「教材・教具」と記載しています。したがいまして、本書でも「教材・教具」に統一しています。

２．障害児への自作の教材・教具

　障害のある子供たちの実態は多種多様であり、そのため一人一人の実態に合わせた教材・教具が大切です。そこで、教材・教具を開発することは、子供の課題を解決する上でとても重要となります。一つ一つの教材・教具がねらいとしていることは様々

なので、子供の学習指導の効果を上げるためには、どのような工夫ができるかを考えて教材・教具を開発する必要があります。

　例えば、知的発達が遅れているために教師の説明だけでは理解ができなかったり、注意集中が続かない子供には、絵や写真、あるいはパネルシアターが有効となるでしょう。また、障害があるために動作や作業を正確に行えない場合には、補助具を提供することも必要となるはずです。このような補助具としての教具を工夫したり開発することは、これまで特別支援教育において、当たり前のこととして取り組まれてきました。最近では、コンピューターの普及で教材・教具の作成が容易であったり、ICT機器を使った実践事例も多く見られるようになっています。

　教材・教具を工夫したり開発する際に重要なことは、子供の障害の実態や特性等を十分に把握することです。その際の留意事項としては、安全面に配慮し注意すること、操作が簡単で堅ろうなものであること、身近な材料を利用すること等があげられます。

　既成の物をただ単に子供に適用するのではなく、教師自らが創意工夫を持って教材・教具を作り上げて適用することこそが、本来の教師のあるべき姿ではないでしょうか。

3．教育指導における "教材観"

　教師であるなら、何度となく学習指導案を書いた経験があるでしょう。"本案" と呼ばれている学習指導案では、単元・題材における「教材観」「児童生徒観」「指導観」を書くことになるはずです。簡潔に言えば、「指導観」は、単元・題材の意図することや目標やねらいとなります。「児童生徒観」は、子供の能力や特性等の実態、これまで取り組んできた単元・題材に関する取り組みの成果や課題です。そして、「教材観」は、教材そのものの持つ意味、教材の工夫点、具体的な教具の適用の仕方です。

　ある単元・題材を取り上げて授業活動をする際に用いられる教材としては、まず、教科書を第一番にあげることができます。しかし、知的障害教育の場合、子供に教科書をそのまま使用して授業を進めていくことに無理があります。おそらく理解が不十分なままに授業が展開されていくでしょう。そこで多くの教師は、子供一人一人に合った教材・教具を開発して適用し、教育効果を最大限に高めようとするはずです。その教材・教具もまた多種多様であり、プリント類、絵や写真、補助具や支援具、テレビやVTR……数え上げればきりがありません。近年は、コンピューターなどの教育機器の利用が増えていますが、一方で教師の手作りの教具の大切さも見直されています。いずれにしても、授業活動する上で、なぜ、その教材・教具が必要なのか、その教材・教具の持つ意味は何かを明確にすることが重要です。

4．教材・教具と評価

　ある教師は、作業が困難である子供のために日夜努力して支援具を開発し、それを作業学習の場面で使用させて満足しています。一方、別の教師は、子供が視覚的に理解しやすいように絵カードや写真カードを作成し、それを学級集団やグループ活動の場面で活用しています。このような光景を見るにつけ、それぞれに教師の熱意と日々の研鑽がうかがわれ目を見張るものがあります。

　しかし、教材・教具を開発して子供に適用するということは、同時に、「一人一人」に対して必要なのであり、その教材・教具が本当に役に立っているのかという「評価」をしなければならないということです。前者の教師では、教材・教具を作成することに満足してしまい、教材・教具の持つ意味を考えていなかったり、どこまでできて、どこからできなくなるのかといった「評価」を忘れてしまっているのです。評価を明確にすることで、次の作業では、支援の程度を軽減していくことを考えなければいけません。後者の教師では、絵カードや写真カードを学級やグループの全員に対して活用していることに疑問を抱きます。「一人一人」の能力や特性等の実態が異なりますから、必然的に絵カードや写真カードも「一人一人」が異ならなければならないはずです。子供によっては、視覚的刺激よりも聴覚的刺激の方が強い（得意）場合もあるのです。イラストで分かる子供もいれば、実物の写真で判断できる子供もいます。

　一人一人に合わせた教材・教具の工夫と評価を明確にすることが重要です。そうすることにより、次の授業活動では、その教材・教具の内容を軽減したり、反対に更に強化していくことが最大の教育効果を生み出すものと言えます。

5．本書の教材・教具

　本書では、教材・教具を 117 選びました。どの教材・教具もこれまで教育現場で活用してきたものです。中にはさらに改良を加えて紹介した教材・教具も数多くあります。このように改良を加えるということは、上記で述べたような教材観であったり子供の評価にもつながります。

　本書の書式の中には、「引き出す力」「効果・応用」「工夫・留意点」などの項目が記載されています。一つ一つの教材・教具のねらいは何か、そのねらいでどのような能力を引き出し、効果を生み出すことができるのかを明確にして指導することが大切です。また、この教材・教具は、さらにどんなことに応用できるのかも知っておくことも必要です。教材・教具を作成し、子供に適用する場合には、このようなことを念頭に置きながら取り組んでいく日々の積み重ねが重要となります。

教材・教具117 事例集

- 国　語 ……………………………………………… 6
- 算　数 ……………………………………………… 26
- 音　楽 ……………………………………………… 39
- 体育・保健 ………………………………………… 49
- 英　語 ……………………………………………… 59
- 日常生活 …………………………………………… 67
- 生活単元 …………………………………………… 82
- 作業学習 …………………………………………… 95
- SST ………………………………………………… 106
- 自立活動 …………………………………………… 120
- 進路学習 …………………………………………… 138

国語（聞く） **001**

ペープサート（まこちゃんのじどうしゃ）

● 対　　象	□発達障害　□知的障害(軽度)　☑知的障害(中度)　☑知的障害(重度)
● ねらい	・お話に出てくる動物の順番が分かる。
● 使用方法	・絵本「のせてのせて」(童心社)のお話に合わせて、動物のペープサートを「まこちゃんのじどうしゃ」に乗せて活用する。
● 引き出す力	・聞く、見る、握る、手指の巧緻性、順序
● 効果・応用	・お話の流れに合わせて、動物の乗る順番を操作して確かめる。 ・お話に加えて、本人の写真のペープサートを作ることで、本人もお話の中に入ることができる。

材　料	学校備品または家庭内（段ボール、絵本の挿絵コピー、割り箸）
購入先 価　格	□100円ショップ　☑家庭内　□DIYショップ　□専門店　□その他(　　) 総額　0円

材　料　　　　　　　　　**完　成**　　　　　　　　　**活　用**

● 作り方の手順
1. 自動車の挿絵のコピーに合わせて段ボールを切り、コピーを貼る。(2つ)
2. 自動車の挿絵のコピーを貼った段ボールの裏下半分に段ボールを1枚貼り、ペープサートを刺すことができるような空間を作る。
3. 2枚の段ボールを貼り合わせる。
4. 1と同様に動物の挿絵のコピーに合わせて段ボールを切りコピーを貼る。それに割り箸をつけてペープサートにして完成。

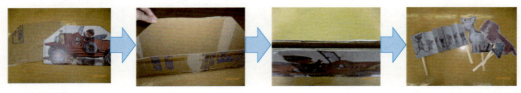

● 工夫・留意点
・自動車の挿絵を貼った段ボールを貼り合わせたものの間には、ペープサートを刺すことができるように空間を作っておく。

国語（読む） **002**

特殊音節が読めるもん

● 対　象	☑発達障害　☑知的障害（軽度）　□知的障害（中度）　□知的障害（重度）
● ねらい	・特殊音節の拗音「ゃ、ゅ、ょ」や促音「っ」を、つまずかないで読むことができる。
● 使用方法	・特殊音節カードを使って、できる限り速く大量に読んでいく。 ・特殊音節カードに記載されていない言葉を本人が付け足していくことで、さらに多くの音読練習をする。
● 引き出す力	・読む（速読）、促音や拗音の理解、空間認知
● 効果・応用	・音読の際に、下から上の順に読むと、さらに空間認知が良くなる。 ・特殊音節カードを使って、「書き」の練習をすることもできる。 ・時間を計測して、速読に挑戦すると、目と口の動きが速くなる。

材　料	学校備品（A4用紙1枚、ラミネート）
購入先 価　格	□100円ショップ　□家庭内　□DIYショップ　□専門店　□その他（　　　） 総額　0円

材　料　　　　　　　　　**完　成**　　　　　　　　　**活　用**

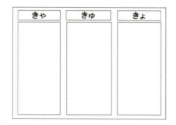  

● 作り方の手順

1. 用紙を準備する。
2. 特殊音節の「きゃ」「きゅ」「きょ」から始まる言葉を書いていく。

● 工夫・留意点

・難易度が分かるように、文字数の少ない方から多い方へと順番に書いていく。
・速さを競わせるあまり、つまずく頻度が高くならないようにする。

国語（読む） *003*

文章の読み用スリット

●対　象	☑発達障害　☑知的障害（軽度）　☐知的障害（中度）　☐知的障害（重度）
●ねらい	・教科書を読む場合に、行を飛ばさないで正しく読むことができる。
●使用方法	・文字を読み飛ばしてしまったり、行を飛ばして読んでしまったりする場合に、教科書の文章の上に重ねることで、どこを読んだらいいのかが分かりやすくなる。 ・国語では主に縦置きで、算数・理科・社会などの教科では横置きで使う。 ・カラーについては、本人が見やすく読みやすい色にする。
●引き出す力	・読み、空間認知、注意集中
●効果・応用	・視認性が高まり、行を飛ばすことなく、文章を読むことができる。

材　料	カラークリアファイル（色別数枚） 学校備品（カッター、ハサミ）
購入先 価　格	☑100円ショップ　☐家庭内　☐DIYショップ　☐専門店　☐その他（　　） 総額　100円　（カラークリアファイル100円）

材　料	完　成	活　用
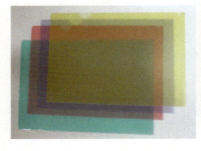		

カラークリアファイル（各色）

●作り方の手順
1. カラークリアファイルを1枚に切り離す。
2. 縦25cm×横7cmの長方形にする。
3. 縦25cm×横7cmの長方形の中央部に縦19cm×横1.5cmの長方形をカッターで切り取る。
4. 四隅は、ハサミを使って丸くする。

●工夫・留意点
・スリットの幅は、学年の教科書の文字幅に合うように調整する。
・いつでも持ち運びできるように、筆箱に入る大きさに調整する。

国語（読む） **004**

簡単！漢字回転窓

● 対　象	☑発達障害　☑知的障害（軽度）　□知的障害（中度）　□知的障害（重度）
● ねらい	・円の切れ込みの部分から見える漢字の一部を見て、何の漢字なのかを認識することができる。
● 使用方法	・漢字カードと切れ込みが入った円をだるま型画鋲（透明ピン）で台座である空箱の上に固定する。 ・漢字を書いて覚えることが苦手な場合に、切れ込みの入った円を好きな方向に回転させたり、回転する速さを変えたりしながら何の漢字であるのかを考える。
● 引き出す力	・漢字認識、視覚認知、想像
● 効果・応用	・自分で回す、相手に回してもらうなど、変化を付けながら学習を進めることにより興味が深まる。

材　料	空箱（なるべく無柄）） 学校備品（厚紙、だるま型画鋲・透明ピン）
購入先 価　格	□100円ショップ　☑家庭内　□DIYショップ　□専門店　□その他（　　　） 総額　0円

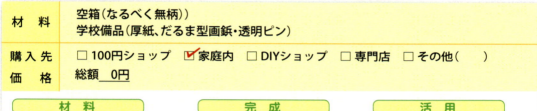

●作り方の手順

1. コンパスを使い厚紙に半径5ｃｍの円を描く。
2. 中心角30度（本人の漢字の苦手さに応じて）で厚紙を切り、切込みの入った円を作成する。
3. 赤い線を書き切込みの部分を視覚的に強調する。
4. 縦10ｃｍ×横10ｃｍの正方形に学習する漢字を一文字大きく書き、漢字カードを作成する。
5. 漢字カードの中心部に切込みの入った円を重ね、だるま型画鋲で中心を固定する。
6. 漢字カードと漢字回転窓を台座である空箱の上に刺して、固定する。

●工夫・留意点

・中心がしっかりと固定されるように画鋲などで固定する。
・漢字が見える切込みを入れた部分の角度は、本人の漢字の能力に合わせて変える。

国語（書く） 005

漢字カラーマス

●対　　象	☑発達障害　☑知的障害（軽度）　☐知的障害（中度）　☐知的障害（重度）
●ねらい	・文字の形やバランスを理解したり書いたりすることができる。
●使用方法	・4分割の窓（カラーマス）をいくつか開かせ、漢字の大きさやバランスを想像していく。 ・年齢が高い場合は、「漢字出現頻度」の順に学習する。（※次頁を参照）
●引き出す力	・漢字の書き取り、文字の配置、バランス、視覚認知、想像
●効果・応用	・漢字だけでなく、平仮名やカタカナでも「窓開けゲーム」をすることで、より学習の定着が増す。 ・注意を促すために、カラーマスに好きなイラストを入れると効果的である。

材　料	段ボール　両面テープ付き磁石 学校備品（文房具、紙、ラミネート、ハサミ、カラーコピー機）
購入先 価　格	☑100円ショップ　☐家庭内　☑DIYショップ　☐専門店　☐その他（　　） 総額　200円　（段ボール100円、両面テープ付き磁石100円）

材料 / 完成 / 活用

● 作り方の手順

1. カラーマスが入る大きめの枠（額縁）を段ボールで作成する。
2. A4版の紙に4色のカラーマスを作成し、カラー印刷する。
3. カラーマスの部分だけハサミで切り取り、ラミネートを貼って補強する。
4. カラーマスの裏に磁石を貼り、枠の下にカラーマスを合わせ、ハサミで4分割して完成。

● 工夫・留意点

・カラーマスの色は、黒文字（平仮名・カタカナ・漢字）が目立つように薄い色にする。
・カラーマスは、正方形の付箋紙でもよい。
・枠の段ボールをホワイトボードに替えると、文字（平仮名・カタカナ・漢字）を何度も書いたり消したりすることができるので汎用性がある。

＜漢字出現頻度　１位〜200位　（朝日、読売、毎日、Wed 等）＞

位	学年	漢字	位	学年	漢字	位	学年	漢字	位	学年	漢字
1	①	人	51	②	何	101	④	最	151	④	無
2	①	一	52	②	来	102	③	化	152	②	少
3	①	日	53	中学	彼	103	①	四	153	④	要
4	①	大	54	②	話	104	①	先	154	②	海
5	①	年	55	②	体	105	④	民	155	④	変
6	①	出	56	③	動	106	③	身	156	④	結
7	①	本	57	②	社	107	④	不	157	②	切
8	①	中	58	②	知	108	①	口	158	③	重
9	①	子	59	②	理	109	①	川	159	①	天
10	①	見	60	①	山	110	②	東	160	③	神
11	②	国	61	②	内	111	③	相	161	②	記
12	②	言	62	②	同	112	②	多	162	①	木
13	①	上	63	②	心	113	④	法	163	③	集
14	②	分	64	③	発	114	③	全	164	③	和
15	①	生	65	②	高	115	②	聞	165	③	員
16	①	手	66	③	実	116	⑤	情	166	②	引
17	②	自	67	②	作	117	②	野	167	②	公
18	②	行	68	②	当	118	②	考	168	②	画
19	③	者	69	②	新	119	③	向	169	③	死
20	①	二	70	③	世	120	③	平	170	③	安
21	②	間	71	②	今	121	④	成	171	④	兵
22	③	事	72	②	書	122	④	軍	172	②	親
23	②	思	73	③	度	123	③	開	173	①	六
24	②	時	74	②	明	124	②	教	174	④	治
25	①	気	75	①	五	125	⑤	経	175	③	決
26	②	会	76	④	戦	126	④	信	176	②	太
27	①	十	77	①	力	127	②	近	177	④	氏
28	②	家	78	①	名	128	④	以	178	⑤	衛
29	①	女	79	①	金	129	②	語	179	②	強
30	①	三	80	⑤	性	130	③	面	180	③	使
31	②	前	81	③	対	131	④	連	181	中学	込
32	④	的	82	③	意	132	③	問	182	②	朝
33	②	方	83	②	用	133	②	原	183	③	受
34	①	入	84	①	男	134	②	顔	184	③	島
35	①	小	85	③	主	135	①	正	185	⑤	解
36	②	地	86	②	通	136	④	機	186	②	市
37	②	合	87	④	関	137	①	九	187	③	期
38	②	後	88	①	文	138	③	次	188	③	様
39	①	目	89	③	屋	139	②	数	189	①	村
40	②	長	90	③	感	140	③	美	190	②	活
41	②	場	91	中学	郎	141	②	回	191	②	頭
42	③	代	92	③	業	142	②	食	192	③	題
43	⑥	私	93	⑤	定	143	②	表	193	②	万
44	①	下	94	⑤	政	144	①	八	194	②	組
45	①	立	95	⑤	持	145	②	声	195	③	仕
46	②	部	96	②	道	146	①	水	196	①	白
47	①	学	97	②	外	147	⑤	報	197	③	指
48	③	物	98	③	取	148	③	真	198	④	説
49	①	月	99	③	所	149	③	味	199	①	七
50	①	田	100	⑤	現	150	③	界	200	⑤	能

国語（書く） **006**

漢字と絵のマッチング

●対　象	☑発達障害　☑知的障害（軽度）　☐知的障害（中度）　☐知的障害（重度）
●ねらい	・漢字と絵のマッチングを考えることで、漢字を習得することができる。
●使用方法	・最初は、象形文字など簡単な漢字を作成し、徐々に増やしていく。 ・絵やイラストを見ながら、漢字の特徴を捉えていく。
●引き出す力	・漢字の理解、想像、同時処理、マッチング
●効果・応用	・編や旁などパターン化させると、他の漢字にも適用できる。 ・フラッシュカードとして、「読み」の指導にも活用できる。

材　料	学校備品（画用紙、ペン、色鉛筆、ハサミ）
購入先 価　格	☐100円ショップ　☐家庭内　☐DIYショップ　☐専門店　☐その他（　　） 総額　0円

材料

完成

活用

●作り方の手順
1. 「漢字と絵のマッチングカードシート」を用意する。（＊次頁のシートを活用）
2. 画用紙に漢字とマッチングさせた絵を描く。
3. 画用紙を切り取りカードにする。

●工夫・留意点
・カードにラミネートを貼ると補強になる。
・本人が考えやすい漢字から作り始める。

＜漢字と絵のマッチングカードシート＞

引 羽 雲 園 遠 何 科 夏 家 歌 画 回 会 海 絵 外 角 楽 活
間 丸 岩 顔 汽 記 帰 弓 牛 魚 京 強 教 近 兄 形 計 元 言
原 戸 古 午 後 語 工 公 広 交 光 考 行 高 黄 合 谷 国 黒
今 才 細 作 算 止 市 矢 姉 思 紙 寺 自 時 室 社 弱 首 秋
週 春 書 少 場 色 食 心 新 親 図 数 西 声 星 晴 切 雪 船
線 前 組 走 多 太 体 台 地 池 知 茶 昼 長 鳥 朝 直 通 弟
店 点 電 刀 冬 当 東 答 頭 同 道 読 内 南 肉 馬 売 買 麦
半 番 父 風 分 聞 米 歩 母 方 北 毎 妹 万 明 鳴 毛 門 夜
野 友 用 曜 来 里 理 話

選んだ漢字【　　　】

選んだ漢字【　　　】

選んだ漢字【　　　】

選んだ漢字【　　　】

国語（書く） **007**

漢字分解、語呂合わせ

●対象	☑発達障害　☑知的障害（軽度）　☐知的障害（中度）　☐知的障害（重度）
●ねらい	・漢字を分解しながら、どのように覚えるのかを見つけ出すことができる。
●使用方法	・編や旁、かたまりなどに色を付けることにより、漢字が分解されていることを覚える。 ・編と旁をなどは、パターン化して見つけていく。 ・語呂合わせができたら、言葉に出して言いながら漢字を書いていく。
●引き出す力	・漢字の書き、想像、分解、文字構成
●効果・応用	・分解をパターン化すると、難しい漢字でも語呂合わせしやすくなる。

材料	学校備品（A4用紙、色鉛筆）
購入先 価格	☐100円ショップ　☐家庭内　☐DIYショップ　☐専門店　☐その他（　　） 総額　0円

材料　　　**完成**　　　**活用**　

●作り方の手順
1. 「漢字分解、語呂合わせシート」を用意する。（※次頁のシートを活用）
2. 当該漢字について、どのように分解できるのかを何度か挑戦し、色分けしてみる。
3. 分解した漢字の覚え方を考えて、それを書く。

＜漢字の語呂合わせ例＞

・屈：尺が出る、り<u>くつ</u>。	・偉：人の五十年、<u>えらい</u>。
・援：手のツチ又で、おう<u>えん</u>。	・洪：水が共に流れて、<u>こうずい</u>。
・騒：馬が又、虫を見て、<u>さわ</u>ぐ。	・踏：水口一ぱい、足ぶみ。
・房：暖房は、戸の方。	・尿：コの水は、<u>にょう</u>。
・礎：石の林で、足のき<u>そ</u>を高める。	・愉：小さい人の前は、<u>ゆ</u>かい。
・癖：病気になったら、コの口、辛いという、<u>くせ</u>。	・伸：人が申す。
・唱：小さな五個の口。	・据：手で尺をとる、ふる。

●工夫・留意点

・分解した漢字をカードに書き、その裏に正答の漢字を書いて、クイズ形式で学習することもできる。

＜漢字分解、語呂合わせシート＞

漢字を分解しよう！

■覚え方を作ろう

■漢字を書いてみよう

国語（書く） 008

間違い漢字探し（9分割）

● 対　　象	☑発達障害　☑知的障害（軽度）　☐知的障害（中度）　☐知的障害（重度）
● ねらい	・間違いに気づきながら、漢字の特徴を細かいところまで捉えて書くことができる。
● 使用方法	・間違いのある漢字を探すことで、漢字の細部に気づいていく。 ・最初は、3分割や6分割から取り組み、9分割に広げる。
● 引き出す力	・漢字の理解、類似性、弁別、同時処理
● 効果・応用	・ゲーム感覚で漢字を習得することができる。

材　料	学校備品（画用紙、ペン）
購入先 価　格	☐100円ショップ　☐家庭内　☐DIYショップ　☐専門店　☐その他（　　） 総額　0円

材料　／　完成　／　活用

● 作り方の手順

1. 「漢字の間違い探し（9分割）」のシートを用意する。（※次頁のシートを活用）
2. 9分割されたマス目に正しい漢字と細部に間違いのある漢字を書く。

● 工夫・留意点

・誤答の分類表を参考にしながら、パターン化して間違いのある漢字を作るとよい。

誤答分類	定　義
形　象	構成要素はあいまいだが、全体の形は捉えている。
配　置	構成要素の配置が誤っている。
要　素	構成要素自体に誤りがある。
過不足	余分な書き足しや書き抜かしがある。
微　細	構成要素は正しいが、接合部など細部に誤りがある。

＜漢字の間違い探し（9分割）シート＞

※間違っている漢字には、×をつけなさい。

（　　　　）

（　　　　）

（　　　　）

（　　　　）

国語（書く）**009**

漢字ドロップ

● 対　象	☑ 発達障害　☑ 知的障害（軽度）　□ 知的障害（中度）　□ 知的障害（重度）
● ねらい	・ゲーム感覚により漢字単語の構成練習ができる。
● 使用方法	・書字が苦手な場合に、漢字の構成を視覚的に把握する。 ・音素情報(漢字の読み仮名)からワーキングメモリーを頼りに漢字をマッチングする。
● 引き出す力	・漢字の理解、視覚再生、ワーキングメモリー、音韻ループ、空間認知
● 効果・応用	・ワーキングメモリーを運用しながら漢字単語構成を向上させることができる。 ・ワーキングメモリー内の音韻ループと視空間スケッチパッドの連携強化をすることができる。

材　料	学校備品（デスクトップパソコンまたはノートパソコン、マイクロソフトオフィス、パワーポイント）
購入先 価　格	□100円ショップ　□家庭内　□DIYショップ　□専門店　□その他（　　） 総額　0円

材料

・パワーポイント
・学年ごとの必修漢字リスト
・フリー素材の写真、絵

完成

・ひらがな
・白色マス目
・漢字の選択肢

・ひらがなを音読すると効果的

活用

・マウスを使って、漢字選択肢から、マス目の中にドラッグ＆ドロップ

●作り方の手順
1. 必修漢字リストをもとに、学習させたい漢字を組み合わせて単語を作成する。
2. ヒントの画像素材を上段左に、ひらがなの読みを上段中央に、白色の回答用マス目を中段に、漢字選択肢を下段に配置したスライドをパワーポイントにより作成する。
3. 回答用白色マス目は「最背面へ移動」に、漢字選択肢は「最前面へ移動」に設定する。
4. 漢字選択肢はテキストボックスで作成し、枠を実線に設定する。
5. スライドショーを実行せず、パワーポイント画面を最大化して使用する。
6. ヒントとなる上段左の画像はフリー素材などを利用する。
（漢字の心的表象・音声と具体的イメージとを効果的に結び付けることが可能となる）

※画面レイアウト

●工夫・留意点
・写真や絵などをヒントとして使用する際は、素材の著作権に注意すること。（フリー素材を推奨）
・テンプレートのスライドを作成したら、それをコピー＆ペーストして再利用すると便利。

国語（書く） 010

フラッシュ漢字

●対　象	☑発達障害　☑知的障害（軽度）　□知的障害（中度）　□知的障害（重度）	
●ねらい	・ゲーム感覚により漢字の書き取りを練習することができる。	
●使用方法	・視覚認知の再生（インプット→アウトプット）を効率良くする。 ・パソコンを使って視覚的ワーキングメモリーの弱さをトレーニングする。	
●引き出す力	・漢字の理解、ワーキングメモリー、視覚表象、記憶	
●効果・応用	・視覚的ワーキングメモリーを高めることで書字能力が向上できる。 ・心的表象を有効に活用する能力が獲得できる。	

材　料	学校備品（デスクトップパソコンまたはノートパソコン、マイクロソフトオフィス、パワーポイント）
購入先 価　格	□100円ショップ　□家庭内　□DIYショップ　□専門店　□その他（　　） 総額　0円

材　料

・パワーポイント
・学年ごとの必修漢字リスト
・フリー素材の写真、絵

完　成

・パワーポイント
・学年ごとの必修漢字リスト
・フリー素材の写真、絵

活　用

・漢字スライド提示
・漢字が消えてから、一定時間後、書き取り開始

●作り方の手順
1. 必修漢字リストをもとに、1スライド1漢字を原則にスライド作成。（背景：黒、文字：白）
   漢字スライドは、スライドの中央にテキストボックスを挿入し、漢字を入力する。
   （ヒントとして、その漢字の意味を表すイラストや写真を用いることも可能）
   黒背景スライドの代わりに、キーボードの「B」ボタンで画面をブラックアウトさせることも可能である。
2. 漢字2文字を組み合わせて単語を作成してもよい。（「勉強」など）
3. 対象児童生徒のワーキングメモリーの保持時間に合わせて、漢字スライドおよび黒背景スライドの提示時間を調整する。
   （例えば、漢字スライド提示時間2秒）
4. 書き取り用紙をパソコンで作成しておく。

※教材使用の流れ

●工夫・留意点
・写真や絵などをヒントとして使用する際は素材の著作権に注意すること。（フリー素材を推奨）
・テンプレートのスライドを作成したら、それをコピー＆ペーストして再利用すると便利。

国語(書く) 011

ピン動かし書字練習ボード

● 対　　象	☐ 発達障害　☐ 知的障害(軽度)　☑ 知的障害(中度)　☑ 知的障害(重度)
● ねらい	・なぞり書きの前段階として、枠に沿ってマグネットを動かすことで書字の基礎能力を高めることができる。
● 使用方法	・マグネットの先端部分を指でつまみ、枠に沿って下まで手を動かして使用する。
● 引き出す力	・書字機能、目と手の協応動作、手指の巧緻性
● 効果・応用	・書字が難しい、手の動かし方に課題がある場合に、書字能力を高めることができる。 ・ピン型磁石を小さなビー玉に変えて、枠の中を転がして遊ぶ教材としても活用できる。

材　料	書類収納ファイル　A4ホワイトボード　ピン型強力マグネット(10個入り) 瞬間接着剤　工作素材角棒(910×3×3mm)4本セット
購入先 価　格	☑ 100円ショップ　☐ 家庭内　☐ DIYショップ　☐ 専門店　☐ その他(　　　) 総額　500円　(書類収納ファイル100円、A4ホワイトボード100円、 　　　　　　　ピン型強力マグネット100円、瞬間接着剤100円、 　　　　　　　工作素材角棒100円)

材料 　**完成** 　**活用**

● 作り方の手順

1. ホワイトボードに、なぞり書き用枠の下絵を描く。枠線はホワイトボードマーカーで描くと修正できる。赤の矢印は油性ペンで描くと消えにくい。枠線の幅は、ピン型強力マグネットに合わせて、1.5cm幅で描く。
2. 描いた枠線に合わせて、工作素材角棒を接着剤で貼り付けて枠を作っていく。全て枠を貼り付け終えたら、書類収納ファイルにピン型強力マグネットと作製したボードを入れて完成。

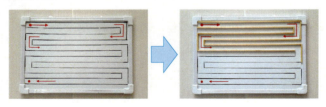

● 工夫・留意点

・途中でピン型強力マグネットを試し置きして、枠の幅を確認しながら作製するとよい。

国語（文章） 012

写真を見ながら簡単！文章

●対　象	☑発達障害　☑知的障害（軽度）　☐知的障害（中度）　☐知的障害（重度）
●ねらい	・写真を見ながら、出来事の順序、項目、感情や感想を組み合わせながら文章を書くことができる。
●使用方法	・学校行事（修学旅行、遠足、運動会など）や家庭での出来事などを作文になかなか書けない場合に、黒板に写真や文字カードを貼り、接続詞や感情表現などを肉付けしながら文章を書いていく。 ・本人がつぶやいたり行動したことを記録しておき、それを文字カードに書いて、ふり返る。
●引き出す力	・記憶、順序性、文章表現、感情表現、文章構成
●効果・応用	・５Ｗ１Ｈの構文も併せて教えると、文章内容や表現が深まる。

材　料	学校備品（A4用紙、色鉛筆）
購入先 価　格	☐100円ショップ　☐家庭内　☐DIYショップ　☐専門店　☐その他（　　　） 総額　0円

材料　**完成**　**活用**

●作り方の手順
1. ボードに、写真やパンフレット、出来事カード、感情カード、接続詞カードを一覧にする。
2. 写真やパンフレットを見て、時系列順に並べ替える。
3. 写真を見て、その下に出来事カードを貼る。
4. 出来事のところに、そのときの感情カードを貼る。
5. 接続詞カードを貼る。
6. 最後に、ボード全体を見て、時系列順で原稿用紙に作文を書く。

●工夫・留意点
・文章を書かせる場合には、原稿用紙を２～３行切り取って短冊にし、思い出した順に書かせ、最後にそれぞれの短冊を時系列順に並べ替えさせる方法もある。

国語（文章）013

感情表現を入れて簡単！作文

● 対　象	☑発達障害　☑知的障害（軽度）　☐知的障害（中度）　☐知的障害（重度）
● ねらい	・感情を表す言葉を使って作文を書くことができる。
● 使用方法	・最初の段階では、感情を表す言葉を使って短文を作る練習をする。 ・次に、「感情を表す言葉カード」を見ながら、作文を書いていく。
● 引き出す力	・感情表現、文章表現、文章構成
● 効果・応用	・感情を表す語彙数を増加させることにより、豊かな感情表現ができる。 ・短冊状にまとめることで見返すことができる。

材　料	リング 学校備品（原稿用紙、ペン、ハサミ、ラミネート、穴あきパンチ）
購入先 価　格	☑100円ショップ　☐家庭内　☐DIYショップ　☐専門店　☐その他（　　） 総額　100円　（リング100円）

材　料　　　**完　成**　　　**活　用**　

● 作り方の手順
1. 原稿用紙を用意する。
2. 原稿用紙を40字程度切って、感情を表す言葉を使用した40文字程度の短文を書く。
3. 短文を短冊状に切り、リングで束ねる。
4. 「感情を表す言葉カード」や短冊を見たりしながら作文を書く。

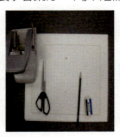 → 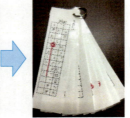 →

● 工夫・留意点
・感情を表す言葉をカードにして見せると分かりやすい。
・自分で感情表現の言葉を見つけ出し追加していくようにする。

（＊次頁の感情語を参照）

＜感情を表す言葉＞

うれしい	すごい	かなしい	はずかしい	つかれた	あせる	くるしい
たのしい	びっくり	つらい	かわいそう	いたい	こまる	きびしい
おもしろい	あんしん	さびしい	がっかり	こわい	うらやましい	すき
かわいい	しんぱい	くやしい	つまらない	きんちょう	ひどい	きらい

— 23 —

国語（辞書） 014

国語辞典の引き方手順

- ●対　象　　☑発達障害　☑知的障害（軽度）　□知的障害（中度）　□知的障害（重度）
- ●ねらい　　・国語辞典を引く手順を理解することができる。
- ●使用方法　・色分けした枠で文字を囲み、五十音での位置を確認できるようにすることで、五十音表を手がかりにして、国語辞典を引いていく。
- ●引き出す力　・辞典の理解、継次処理、手順
- ●効果・応用　・五十音表を1行ずつ見られるように、他の行を隠すシートを用いることで、一度に目に入る情報を制限することができる。

材　料	ホワイトボード(1枚)、マグネットシート(1枚) 学校備品（画用紙、カラーペン）
購入先 価　格	☑100円ショップ　□家庭内　□DIYショップ　□専門店　□その他（　　） 総額　200円　（ホワイトボード100円、マグネットシート100円）

材料　

完成　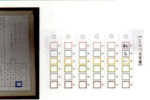

活用　

● 作り方の手順
1. 平仮名の清音、濁音、半濁音が入った五十音表を作って画用紙に印刷し、ホワイトボードに貼り付ける。
2. 五十音表の1文字のマスの大きさに合わせてマグネットシートを切り、色を染める。
3. 調べる言葉を書く色分けしたシートを作る。

調べる言葉シート

マグネットシート

五十音表

説　明
① 国語辞典で調べたい単語を「調べる言葉シート」のマスに書く。
② シートの文字枠の色と同じ色のマグネットシートで五十音表の文字を囲む。
③ 五十音表を見て、赤→青→黄→緑→紫→茶のマグネットシートの順番に文字を探し、国語辞典を引く。

● 工夫・留意点
・使用する国語辞典での五十音の並び方を確認して五十音表を作る。

＜五十音表シート＞

＜調べる言葉シート＞

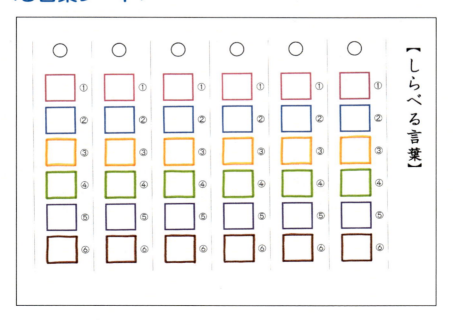

算数（数） **015**

数字のマッチングシート1〜100

●対　　象	□発達障害　☑知的障害（軽度）　☑知的障害（中度）　□知的障害（重度）
●ねらい	・1〜100の数字を見て、同じ数字のチップをマッチングすることができる。
●使用方法	・数字のチップを同じ数字の場所にマッチングする。 ・指定した数字のチップをマッチングする。
●引き出す力	・数唱、数の理解、手指の巧緻性
●効果・応用	・慣れてきたらランダムにマッチングしながら、数的能力を高めていく。 ・終了までの時間を計測したり、制限時間を設けたりして、ゲーム感覚で使用するとより効果的である。

材　料	書類収納ファイル　粘着付きマグネットシート 学校備品（エクセルデータ、A4用紙、ラミネートフィルム）
購入先 価　格	☑100円ショップ　□家庭内　□DIYショップ　□専門店　☑その他（学校内の備品） 総額　300円　（書類収納ファイル100円、粘着付きマグネットシート200円）

材　料　

完　成　

活　用　

●作り方の手順

1. エクセルを使用し、台紙とチップになる印刷物を作成する。台紙の印刷設定は、A4横向き、余白は上下が1.9、左1.1、右0.6に設定する。チップ用紙も同じ設定で作成し、印刷時に、拡大縮小印刷の部分を85％〜90％にして印刷する。数字の部分に色を付けるとよい。
2. 作成・印刷した台紙とチップとなる用紙をそれぞれラミネート加工し、粘着付マグネットシートを、線に沿って、縦方向に10本に切る。これを2セット作り、マグネットシートの余分な長さ部分をカットし、台紙とチップになる用紙の裏面にそれぞれ貼り付ける。
3. 裏面への貼り付けが終了したら、チップを線に沿ってハサミでカットしていき、チップを1〜100まで切り分ける。

●工夫・留意点

・チップは取り外ししやすいように台紙と比べて若干小さめに作成するとよい。
・カットしたマグネットシートは、線に沿って真っ直ぐ貼る。曲がってしまうと、チップをマッチングした際にチップがずれることがあるため注意が必要である。

算数（数） 016

さいころマス目数字カード

●対象	☐発達障害　☐知的障害(軽度)　☑知的障害(中度)　☑知的障害(重度)
●ねらい	・さいころのドットの読み方と数字とを対応することができる。
●使用方法	・数字の上に付けたドットを数えたり、ドットに合わせてカラーマグネットを置いたりしながら、数字の読み方と数の違い(多い少ない)を視覚的に学習する。
●引き出す力	・さいころの理解、数概念、数唱
●効果・応用	・さいころの読み方を、数字と合わせて学習することができる。 ・実際にさいころを使用して、ドットと数字が対応できるか試してみる。

材料	書類収納ファイル　カラーマグネット2セット(計21個)　A4ホワイトボード　小物入れ小ケース　マグネットシート　学校備品(ラミネートフィルム)
購入先 価格	☑100円ショップ　☐家庭内　☐DIYショップ　☐専門店　☑その他(学校消耗品) 総額　600円　(書類収納ファイル100円、カラーマグネット200円、A4ホワイトボード100円、小物入れ小ケース100円、マグネットシート100円)

材料

完成

活用

●作り方の手順

1. Excel（Word、一太郎）を使用し、数字カードを作成する。印刷設定を調整し、A4用紙で4枚のカードが作成できるようにする。カード1枚の大きさはB6サイズにする。数字の上部に読み方を記入し数字上にドットを付ける。さいころと同じ柄でドットを付けると分かりやすい。
2. 作成して印刷したものをラミネート加工する。ラミネート加工したものを、線に沿って切り取り、角を取ってカードを作成する。
3. カードの裏面にマグネットシートを貼り付け、ホワイトボードに付けたときにカードがずれないようにして完成させる。

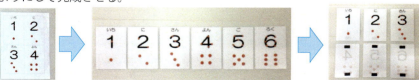

●工夫・留意点

・4は、「よん」または「し」の両方の読み方があることを教える。

算数（計算） 017

文章読解＆加減乗除キーワード

● 対　象	☑発達障害　☑知的障害（軽度）　□知的障害（中度）　□知的障害（重度）
● ねらい	・算数の文章題で、解く流れを把握することができる。
● 使用方法	・算数の文章読解が苦手な場合に、「わ・も・し・けい・こ」の手順や文章題に出てくる加減乗除キーワードをもとに解法を理解していく。
● 引き出す力	・読解、推論、手順、暗記
● 効果・応用	・学年に合わせてキーワードを変え、どの文章題にも応用できる。 ・混合してしまう解法については、キーワードをみて加減乗除に分けることで文章題の理解につながる。 ・ラミネートした台紙の上に問題文を書き、キーワードがどこにあるか探し当てはめることで、キーワードを探す力が身に付く。

材　料	学校備品（用紙、ハサミ）
購入先 価　格	□100円ショップ　□家庭内　□DIYショップ　□専門店　□その他（　　） 総額　0円

材　料

完　成

活　用

● 作り方の手順

＜「わ・も・し・けい・こ」手順表＞
1. 用紙に、問題文と「わ・も・し・けい・こ」の表を作成する。
2. 「わかったこと」には絵を描かせる、「計算」には筆算で解かせるスペースを作る。

＜加減乗除キーワード一覧表＞
1. 小学校1学年年～6学年までの教科書の中から、加減乗除に関わるキーワードを見つけ出し、一覧にして印刷する。
2. 当該学年のキーワードを抜き出して、カードにする。

わ	わかったこと
も	もとめること
し	しき
けい	けいさん
こ	こたえ

● 工夫・留意点
・学年が複数にわたる場合には、全学年のキーワード一覧表を使用する。（＊次頁のキーワードを参照）
・教科書会社により、若干、キーワードが異なるので確認するとよい。

＜加減乗除キーワード＞

	たし算（＋）	ひき算（－）	かけ算（×）	わり算（÷）
1学年	たすと みんなで あわせると ぜんぶで ふえると はじめは ぜんいんで	ひくと のこりは どちらがおおい ちがいはいくつ のこって		
2学年			○人分 ○倍 ■ずつ▲します。 全部で？	
3学年				同じ数で分けると ○こずつ分けると ■は▲の何倍？
4学年				等分 1人分
5学年			1mは■代金は？	〜1mの代金は？ 1あたり
6学年				

○には数字が入り、■や▲には文字が入ります

＜東京書籍、啓林館等を参考に記載＞

算数（計算） **018**

かけ算わり算の筆算手順表

● 対　象	☑発達障害　☑知的障害（軽度）　☐知的障害（中度）　☐知的障害（重度）
● ねらい	・かけ算の筆算で正確に計算することができる。 ・わり算の筆算で正確に計算することができる。
● 使用方法	かけ算：繰り上がりの数と計算で求められた数を小枠に書き入れる。小枠に書いた数字同士をたして、小枠の下にある大きな枠に数字を書く。最後に大きな枠に書かれた数字を同じ位（同じ色）同士でたし、計算する。 わり算：繰り下がりや繰り上がりの桁間違いをする場合、色分けされた筆算の手順表を使いながら間違わずに計算する。
● 引き出す力	・空間認知、継次処理、視覚処理、計算（かけ算・わり算）、筆算
● 効果・応用	・桁数が増えた場合も、色を変えて百の位シートを作ることで、学年が上がっても同じ方法でパターン化して覚えることができる。

材　料	学校備品（コピー用紙）
購入先 価　格	☐100円ショップ　☐家庭内　☐DIYショップ　☐専門店　☐その他（　　） 総額　0円

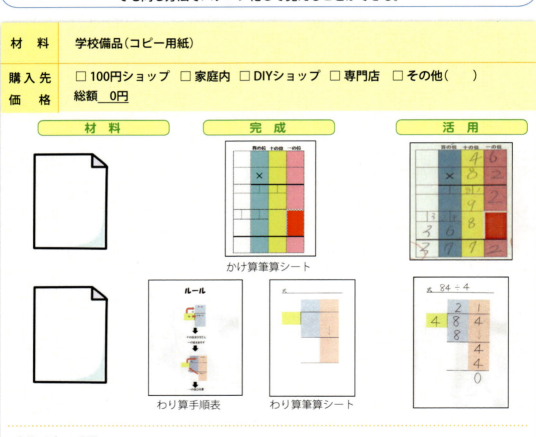

● 作り方の手順
・かけ算とわり算の筆算シートを用意する。（※次頁のシートを活用）

● 工夫・留意点
・マスの大きさは、実態に応じて変えるようにする。
・手順を色分けや記号などを手がかりに行うことで、一人でも学習できる。

＜かけ算・わり算筆算シート＞

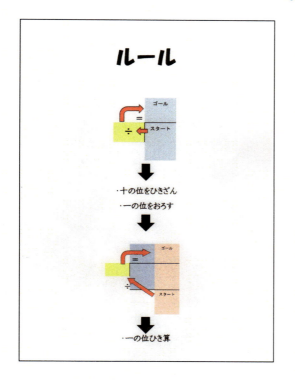

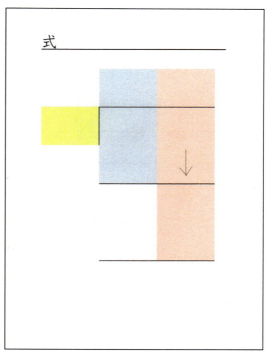

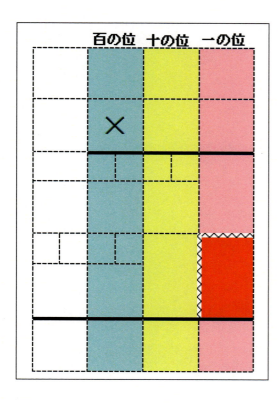

算数（計算） 019

何点入るかな？得点計算箱

● 対　象	□ 発達障害　　☑ 知的障害（軽度）　　☑ 知的障害（中度）　　□ 知的障害（重度）
● ねらい	・10を単位とするたし算や3口以上の計算ができる。
● 使用方法	・3回ボールを転がし、入った得点を合計する。 ・得点表に10点ごとに○を書き入れ、得点を計算する。
● 引き出す力	・計算（たし算・かけ算）、倍数、数概念、目と手の協応
● 効果・応用	・得点を2の倍数、5の倍数とすることで、2とびや5とび、かけ算の発展場面としても活用できる。 ・マイナス点や0点を設定することで、たし算とひき算が混じった計算や0点の理解の場面として活用できる。

材　料	プラスチックのボール　滑り止めシート　色画用紙4色 家庭内（ティッシュペーパーの空き箱、ロール型キッチンペーパーの芯、うちわ）
購入先 価　格	☑ 100円ショップ　　☑ 家庭内　　□ DIYショップ　　□ 専門店　　□ その他（　　） 総額　300円　（ボール100円、滑り止めシート100円、色画用紙100円）

材　料　

完　成　

活　用　

● 作り方の手順
1. ティッシュペーパーの箱の幅と深さを利用し、マトの高さを15cm、奥行きを5cmに統一する。
2. マトの外側と得点部分に同じ色の色画用紙を貼る。同じ点数の箱は同色とする。倒れないように裏側に箱の一片を裏側に倒す。
3. 幅の小さいマトに高い得点、幅の広いマトに低い得点とする。得点は10とびの数とする。
4. ボールを乗せる支柱は、キッチンペーパーの芯に切れ目を入れて台紙に付ける。うちわでボールを打ったときに台紙が動かないように、台紙の裏に滑り止めを両面テープで付ける。

● 工夫・留意点
・点数は1ケタの数字にしてもよい。5以下の数字だけを組み合わせる場合や、合わせて10より多くなる数字の組み合わせの場合など、実態に応じて決める。

算数（数量） **020**

たくさん入れよう、大きい口・小さい口

●対　象	□発達障害　□知的障害（軽度）　☑知的障害（中度）　□知的障害（重度）
●ねらい	・「大きい」「小さい」を理解できる。
●使用方法	・最初は小さい猫の前に大きさの違いが顕著な模型を２つ並べる。 ・大きい模型は猫の口に入らないので、「大、小」を比較していく。
●引き出す力	・大小比較、視覚操作、視覚認知、言語理解
●効果・応用	・「大きい〇〇」、「小さい〇〇」が分かるようになったら、両方の猫を机に置き、自分で大きい方や小さい方に分けていく。

材　料	色画用紙　折り紙　ラミネートフィルム 食べ物や野菜等のイラストをダウンロードしたプリント （http://www.irasutoya.com/） 学校備品（段ボールの空き箱、カッターナイフ、ハサミ）
購入先 価　格	☑100円ショップ　☑家庭内　□DIYショップ　□専門店　□その他（　　） 総額　300円　（折り紙100円、色画用紙100円、ラミネートフィルム100円）

材　料　　**完　成**　　**活　用**

●作り方の手順

1. 段ボールを切って、直方体になるように組み立てる。空き箱を利用してもよい。（下図参照）
2. 口となる部分をカッターナイフで切り抜く。（下図の網掛けの部分）
3. 色画用紙で、箱全体を覆う。（児童の興味・関心に応じて、作る動物を決める。）
4. 段ボールで適当な大きさの円を切り取り半分に切って半円にする。色画用紙で覆い、耳とする。
5. 折り紙を手でちぎって、箱全体に貼る。最後に耳を取り付ける。
6. イラストをラミネート加工し、切り抜く。

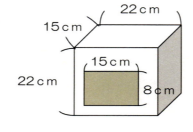
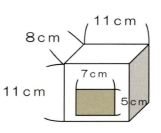

●工夫・留意点

・大きいカードは向きを変えても小さい猫の口に入らないように、口の対角線の長さに注意する。
・実態に応じてカードの裏に段ボールなどを付けると、つまみやすく、たわむことがない。

算数（数量）021

多い少ない比べボード

● 対　象	□ 発達障害　☑ 知的障害（軽度）　☑ 知的障害（中度）　□ 知的障害（重度）
● ねらい	・「多い」「少ない」を理解できる。
● 使用方法	・釣った魚を1列に並べていき、数を数える。 ・ボードを2枚用意し、1回目と2回目の比較や2人でしたときの数を比較する。
● 引き出す力	・多少比較、数概念、数唱
● 効果・応用	・魚を触りながら数えても魚がバラバラになりにくい。 ・釣るものはおもちゃや道具などに変えることができ、単位の表示も変えることができる。

材　料	厚さ5mmの発砲ボード　板磁石 魚のイラストをダウンロードしたプリント（http://www.irasutoya.com/） 学校備品（画用紙、クリップ、ラミネートフィルム）
購入先 価　格	☑ 100円ショップ　□ 家庭内　□ DIYショップ　□ 専門店　□ その他（　　） 総額　200円　（発砲ボード100円、板磁石100円）

材料

完成

活用

● 作り方の手順
1. A3の大きさに発砲ボードを切り、色画用紙を貼る。
2. A4版に印刷したイラストをラミネート加工し、1つずつ切り取る。
3. イラストを切り取った端の部分を色画用紙に貼る。
　魚を挟めるように、下の部分だけをボンドで留めるようにする。
4. 画用紙の上部左3ヵ所に、板磁石を両面テープで貼る。
　板磁石には、本人の顔写真、釣った魚の数、単位（ひき）を付ける。

● 工夫・留意点
・材料が軽いので、ボードの上部両端に紐をつけ、壁に掛けて比べることもできる。

算数（数量） 022

重い軽い比べ棒

● 対　　象	□ 発達障害　☑ 知的障害（軽度）　☑ 知的障害（中度）　□ 知的障害（重度）
● ねらい	・重さを視覚的に比べることができる。
● 使用方法	・重さの違いがはっきりしている2つの物を手に持ち、「重い」「軽い」を比較する。 ・重さを比べる道具として、天秤を活用する。 ・見た目の大きさに惑わされやすい物や重さの違いがはっきりしない物も、予想しながら調べる。
● 引き出す力	・重軽比較、比較概念、視覚認知
● 効果・応用	・ぬいぐるみなどのかさの大きな物や粘土などはレジ袋に入れ、液体やビーズなどはバケツやペットボトルに入れることで、Cフックにレジ袋やバンドを通したバケツやペットボトルなどをつるして重さを比べることができる。 ・直接比較から計量への橋渡しの段階に効果的である。

材　料	2㎝幅程度の角材が90㎝　ヒートン1本　Cフック2本　ひも20㎝　面ファスナー付のバンド2本
購入先 価　格	☑100円ショップ　□家庭内　☑DIYショップ　☑専門店　□その他（　　） 総額　600円　（ヒートン100円、Cフック100円、角材200円、バンド100円、ひも100円）

材　料

完　成

活　用

● 作り方の手順
1. 角材の両端に、端から1.5㎝のところにきりで穴をあけ、Cフックを付ける。
2. 角材の長さの中心を測る。
3. 中心にきりで穴をあけ、ヒートンを付ける。
4. ヒートンにひもを通す。

● 工夫・留意点
・長さの中心と重さの中心がずれることがあるので、中心を決める際には、左右両人指し指に角材を乗せ、一気に左右の指を合わせて確認することが必要である。

算数（測定） 023

定規の読み方表・単位表

- ● 対　象　　☑発達障害　☑知的障害（軽度）　☐知的障害（中度）　☐知的障害（重度）
- ● ねらい　　・定規を使って長さを測ったり、読み方を理解することができる。
- ● 使用方法　・単位変換と長さを量的に理解していく。
- ● 引き出す力　・空間認知、継次処理、視覚処理、長さの理解（m、cm、mm）
- ● 効果・応用　・センチメートルとミリメートルを段階的に分けて読むことで理解が深まる。
  　　　　　　・長さを文字だけでなく、実物をプリントすることで感覚的な理解が得られる。

材　料	本人が使用している定規 学校備品（A4版用紙、カメラ）
購入先 価　格	☐100円ショップ　☐家庭内　☐DIYショップ　☐専門店　☐その他（　　） 総額　0円

材　料

完　成

活　用

● 作り方の手順

＜定規読み方表＞
1. 本人が実際に使っている定規の写真を撮る。
2. その写真を上記の定規読み方表の中央部に載せる。

＜単位表＞
1. 1mm、10cm、1cm、1m の長さの紙を用意する。
2. 長さの違う紙を本人に持たせて写真を撮りプリントにする。

1m

10cm

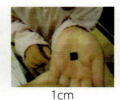
1cm

1mm

● 工夫・留意点
・本人が実際に使っている定規を使うことで、こだわりが強い場合でも安心して同じものだと認識して取り組める。

算数（時刻） 024

読み方お助け時計

● 対　象	☑発達障害　☑知的障害（軽度）　□知的障害（中度）　□知的障害（重度）
● ねらい	・短針の読み方が分かる。
● 使用方法	・1分（赤）、10分（青）、15分（緑）と、透明な色紙を短針と合わせて使用する。
● 引き出す力	・時計の理解、数唱、12進法、60進法
● 効果・応用	・不透明にはなるが、1分、5分、10分などの数え方を色付き磁石で作成することで、ホワイトボードを活用した一斉指導にも応用できる。 ・長針の読み方を時計のイラストの周りに書いて示すと理解しやすい。

材　料	時計のイラスト（ダウンロード）　透明折り紙　マジックテープ　色画用紙 学校備品（ラミネート、油性ペン、ハサミ、定規）
購入先 価　格	☑100円ショップ　□家庭内　□DIYショップ　□専門店　□その他（　　） 総額　300円　（透明折り紙100円、色画用紙100円、マジックテープ100円）

材　料

完　成

活　用

● 作り方の手順

1. 時計のイラストをダウンロード（11　http://www.biwako.shiga-u.ac.jp/sensei/mnaka/ut/sozai/etc.html）し、赤ペンで数字を書く。「教材協力　中川雅央（滋賀大学）」
2. 時計に合わせて、色画用紙で短針（赤）と長針（黒）を作成する。
3. 時計のイラスト、短針、長針をラミネートする。
4. マジックテープを時計の中心と、短針の付け根（両面）、長針の付け根（片面）に付け、時計のイラスト、短針、長針の順に重ねられるようにする。
5. 透明な折り紙（黄）を時計に合わせ、1分の幅に合わせて折り紙を切る。色を変えて、5分（オレンジ）、10分（紫）、15分（青）幅の折り紙を作成する。

● 工夫・留意点

・時計のイラストがダウンロードできない場合は、手書きでもよい。

算数（図形） **025**

透明な立体・体積

● 対　　象	☑発達障害　☑知的障害（軽度）　☐知的障害（中度）　☐知的障害（重度）
● ねらい	・体積を求める際に、立体のイメージをつかむことができる。
● 使用方法	・透明の立体を作成することで、辺や頂点の位置や数、垂直・平行について理解する。
● 引き出す力	・空間認知、視覚認知、立体図形の理解（辺、頂点、平行、垂直など）
● 効果・応用	・カラーストローを使うことで、どの色が垂直と平行な線なのか色別できる。 ・組み合わせを変えることで、三角柱や三角錐にも応用できる。 ・透明アクリル板では、展開図を学習するときにも、どの面や辺になるのかを視覚的に理解しやすい。

材　料	細めのストロー（12本）　針金入りモール（1袋）　透明アクリル板 学校備品（ハサミ、セロハンテープ）
購入先 価　格	☑100円ショップ　☐家庭内　☐DIYショップ　☑専門店　☐その他（　　） 総額　700円　（細いストロー100円　モール100円　透明アクリル板500円）

材　料

完　成

活　用

● 作り方の手順

＜ストローの立体＞
1. ストローは曲がる部分ととがった先の部分を切り取る。
2. モールは4cmに切り半分に折り8本（上下の辺）のストローの両端に折った半分を入れる。
3. モールをストローに入れて組み立てれば完成。
   （モールは針金が入っているため、ストローに2本入る）

＜アクリル板の立体＞
1. 立体の展開図を作成する。
2. 作成図に合わせて、同じ大きさでアクリル板に模写し、切り取って組み合わせる。

● 工夫・留意点
・モールを長くすると外れにくくなる。
・透明なアクリル板などでも作成することができる。

音楽（歌唱） 026

音程が上手に取れるよ

●対　象	☑発達障害　☑知的障害（軽度）　☐知的障害（中度）　☐知的障害（重度）
●ねらい	・正しい音程を取りながら歌うことができる。
●使用方法	・音程が取れない場合に声を発声し、現在の音程が高いか低いかを矢印で視覚化しながら理解し、声の音程の調整をしていく。その後、簡単な歌を歌いながら音程をとっていく。
●引き出す力	・音程、歌唱、聴く
●効果・応用	・簡単な童謡を音程正しく歌うことができる。 ・正しく歌えるようになった歌をみんなの前で発表することができる。

材　料	学校備品（マジック＜黒＞、画用紙、色鉛筆＜緑、黄、桃、青、黄緑＞、押しピン、ハサミ）
購入先 価　格	☐100円ショップ　☐家庭内　☐DIYショップ　☐専門店　☐その他（　　） 総額　0円

材料 / 完成 / 活用

●作り方の手順

1. 画用紙を半円にする。正しい音、正しくない音用の顔を作る。
2. 音程が高い音を「黄色」、低い音を「青色」に塗り、グラデーションをつけて描く。
3. 矢印を「赤色」で塗り、それを半円の中に押しピンで止める。正しい音、正しくない音用の顔を、真横に正しい音用を、上下に正しくない音用を貼り付ける。

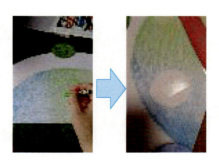

●工夫・留意点

・本人の好きなキャラクターの顔を描くと喜ぶ。
・無料鍵盤アプリなどで音程を正しくとるとよい。

音楽（歌唱） 027

♪ラッコのこもりうた♪

●対　　象	□発達障害　□知的障害（軽度）　☑知的障害（中度）　☑知的障害（重度）
●ねらい	・「ラッコのこもりうた」を歌いながら、ストーリー性のある歌詞を感じ取る。
●使用方法	・歌のストーリーに合わせてペープサートを動かしていく。
●引き出す力	・想像、表現、歌唱、リズム感
●効果・応用	・歌詞の中に出てくる海の生き物（イルカ、鯨など）の名前や遊園地の乗り物の様子を想像させると、より想像力が増してくる。 ・カモメのペープサートも作って動かすと情景が深まる。

材　料	学校備品（画用紙2枚、クレヨンまたは絵具1セット、割りばし1本、ガムテープ、ハサミまたはカッター）
購入先 価　格	□100円ショップ　□家庭内　□DIYショップ　□専門店　□その他（　　） 総額　0円

　　　材　料　　　　　　　　　完　成　　　　　　　　　活　用

●作り方の手順
1. 1枚目の画用紙の表に海の絵を描く。
2. 裏のちょうど真ん中の辺りにカッターでペープサートが入れられるくらいの切り込みを入れる。
3. 2枚目の画用紙にラッコの絵を描きカッターでラッコの絵を切り取る。
4. 切り取ったラッコの絵をガムテープで割りばしに貼り付ける。

●工夫・留意点
・切り込みは、1カ所だけでなく数カ所開けておくと、沈んだり浮かんだり、移動していく様子が想像できる。

— 40 —

ラッコのこもりうた

詩 AOI
曲 JUN

音楽（歌唱） **028**

♪△と1・2・3・4・5の絵描き歌♪

●対　象	☐ 発達障害　☑ 知的障害（軽度）　☑ 知的障害（中度）　☐ 知的障害（重度）
●ねらい	・絵描き歌を通して、三角形の形に気づくことができる。
●使用方法	・絵描き歌を歌いながら、三角形の形を書いていく。 ・歌を歌いながら三角形を見つけ出す。
●引き出す力	・図形、想像、空間認知、発表、歌唱
●効果・応用	・三角形の他に、日常生活で使用する、〇や□などの形があることに気がつくことができる。 ・みんなの前で絵描き歌を発表することで、達成感を感じることができる。 ・伴奏を付けないで、わらべ歌のように歌うと効果が深まる。

材　料	学校備品（画用紙、絵具、クレヨン等）
購入先 価　格	☐ 100円ショップ　☐ 家庭内　☐ DIYショップ　☐ 専門店　☐ その他（　　） 総額　0円

材　料　　**完　成**　　**活　用**　

●作り方の手順
1. 画用紙とクレヨン、またはクレパスを準備する。
2. 『△であそぼう』の絵描き歌を歌いながら描く。
    - 1番　さんかく　ひとつで　おにぎりだ　おにぎりだ
      　　　おいしいな　おいしいな
    - 2番　さんかく　ふたつで　ねこのみみ　ねこのみみ
      　　　かわいいね　かわいいね
    - 3番　さんかく　みっつで　おやまだよ　おやまだよ
      　　　のぼろうか　のぼろうか
    - 4番　さんかく　よっつで　しかくだよ　しかくだよ
      　　　ふしぎだな　ふしぎだな
    - 5番　さんかく　いつつで　おうちだよ　おうちだよ
      　　　たのしいね　たのしいね
3. 絵描き歌が完成したら、みんなに見せる。

●工夫・留意点
・緘黙等の非言語児の場合には、絵だけ描かせて教師が歌うようにする。
・絵を描くときには、児童の好きな色のクレヨン、クレパスを選ぶようにするとよい。

△であそぼう

Aoi

△2 　さんかく　ふたつで　ねこの耳　（ねこの耳）
　　　かわいいね　かわいいね

△3 　さんかく　みっつで　おやまだよ　（おやまだよ）
　　　のぼろうか　のぼろうか

△4 　さんかく　よっつで　しかくだよ　（しかくだよ）
　　　ふしぎだな　ふしぎだな

△5 　さんかく　いつつで　おうちだよ　（おうちだよ）
　　　たのしいね　たのしいね

音楽（リズム） **029**

音符の違い

● 対　象	□ 発達障害　☑ 知的障害（軽度）　☑ 知的障害（中度）　□ 知的障害（重度）
● ねらい	・2分音符、4分音符、8分音符の違いが分かる。
● 使用方法	・絵カードで提示される音符を見ながら、「普通に歩く」「小走りで歩く」「かけ足」の速さを感じ取る。 ・手拍子に合わせて、実際に「普通に歩く」「小走りで歩く」「かけ足」をする。
● 引き出す力	・音符の区別、リズム感、表現
● 効果・応用	・音符と人間の動作が視覚的に提示されるので、速さを理解しやすい。 ・楽器を使って実際に叩いて拍子感覚を覚えていく。

材　料	学校備品（画用紙、マジック）
購入先 価　格	□ 100円ショップ　□ 家庭内　□ DIYショップ　□ 専門店　□ その他（　　） 総額　0円

　　　材　料　　　　　　　　完　成　　　　　　　　活　用

● 作り方の手順
1. 画用紙をある程度の大きさにカットする。
2. カットしたそれぞれの画用紙に四分音符・八分音符と人の絵を描く。
　＊それぞれの音符と人がリンクするようにはっきり絵で表わす。

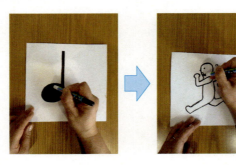

● 工夫・留意点
・人が歩いている絵と走っている絵は、本人が好きなキャラクターを描いてもよい。

音楽（楽譜） 030

音符なぞなぞ

●対　象	☑発達障害　☑知的障害（軽度）　☐知的障害（中度）　☐知的障害（重度）
●ねらい	・楽譜に興味を持たせ、楽譜を見たり、音楽に親しむ気持ちを育てる。
●使用方法	・コマーシャルやアニメなどのテレビによく出てくる曲の楽譜や、他の曲の楽譜に興味を持ち、楽器や歌の音楽活動を広げていく。
●引き出す力	・読譜、階名、楽器演奏
●効果・応用	・自分が知っている楽譜を提示されると興味を示すようになる。 ・楽譜の階名が読めるようになると、他の曲も進んで階名を読むようになる。

材　料	楽譜 　　教材例：『明日から使えるソプラノ・リコーダー！ウケてナンボの一発芸！【改訂版】』 　　　　　（有）ケイ・エム・ビー©kmp　など 個人所有（リコーダー、鍵盤ハーモニカ） 学校備品（音楽の教科書）
購入先 価　格	☐100円ショップ　☐家庭内　☐DIYショップ　☐専門店　☑その他（通販） 総額　1,300円　（『一発芸』）

材　料　　　　　　　　　　**完　成**　　　　　　　　　　**活　用**

●作り方の手順
1. 興味を持ちそうな曲の楽譜を黒板に映す。（実物投影機とプロジェクターがあると便利）
2. 音階が読めない場合には、本人に確認しながら、音階名をチョークで板書する。
3. 音符の長さに合わせて譜読みをして、曲を推測する。
4. 曲が分からなかった場合には、教師が範唱、範奏する。
5. 曲が分かった時点で、曲に関する想いやエピソードなどを聞き、楽譜を読めたことをほめる。

●工夫・留意点
・アニメソングやCMソングを出題にすると、興味が湧く。
・童謡や昔話に関する曲も人気があり、興味を引き付ける。
・興味・関心に合った曲を提供すると、自ら演奏し、利用させたい楽器の技能がアップする。
・音符なぞなぞに慣れると、発表会など新しい曲にチャレンジすることがスムーズになる。

音楽（楽器） **031**

ヒラヒラちょうちょ

●対　象	□発達障害　□知的障害（軽度）　□知的障害（中度）　☑知的障害（重度）
●ねらい	・ちょうちょの歌を歌いながら、手の動作でちょうちょをイメージを持つことができる。
●使用方法	・手の動作をしながら身体の名称を覚える。 ・自分の手をちょうちょに見立て、上肢の運動や手の巧緻運動につなげていく。
●引き出す力	・模倣、想像、表現、手の巧緻性、歌唱
●効果・応用	・手遊びをすることで自分の身体部分を意識することができる。 ・家族や他者とのコミュニケーション（社会性）を強化することができる。

材　料	マジック1本〜2本　学校備品（カードまたは画用紙）
購入先 価　格	□100円ショップ　□家庭内　□DIYショップ　□専門店　□その他（　　） 総額　0円

材　料　　　　　　　　　**完　成**　　　　　　　　　**活　用**

●作り方の手順
1. ちょうちょの絵を見て同じ形になるように左右の親指をクロスする。
2. ちょうちょの歌に合わせて左右の手をちょうちょに見立てヒラヒラする。
3. ちょうちょを本人の身体部分や指導者の身体部分へ静止する。

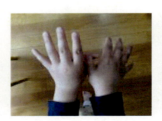

●工夫・留意点
・好きなキャラクターや動物の絵などに、ちょうちょを静止させると喜ぶ。
　例：「アンパンマンの頭にとまった」等

音楽（楽器） 032

グー、チョキ、パーでピアノが弾けるよ

●対　　象	□発達障害　□知的障害（軽度）　□知的障害（中度）　☑知的障害（重度）
●ねらい	・グー、チョキ、パーのイラストを見ながら模倣して、ピアノを弾くことができる。
●使用方法	・鍵盤を身近に弾けることで自信を持ち、達成感を味わっていく。
●引き出す力	・楽器演奏、想像、発表、表現
●効果・応用	・鍵盤楽器を弾くことでストレスの軽減につながる。 ・鍵盤を弾くことで他者との協調性を養うことができる。 ・自分の手でジャンケンの形を作り、手遊びや楽器を演奏したりして、楽しく遊ぶことにつなげていく。

材　料	ジャンケンが書いてあるイラスト　手の形のスナップ写真 学校備品（ピアノまたはキーボード）
購入先 価　格	□100円ショップ　□家庭内　□DIYショップ　□専門店　□その他（　　　） 総額　0円

材　料
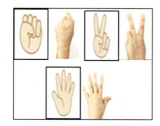

完　成
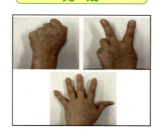

活　用

●作り方の手順
1. （グー）になるように模倣し、「ファ」「ソ」「ラ」の黒鍵を打鍵する。
2. （チョキ）になるように模倣し、「ド」「レ」の黒鍵を打鍵する。
3. （パー）になるように模倣し、親指が「ミ」、人差し指が「ファ・ソ・ラ」が黒鍵、小指が「ド」の形で打鍵する。

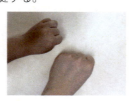 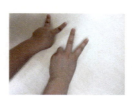 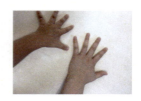

●工夫・留意点
・簡単に弾けるので、オルガンや鍵盤ハーモニカなど他の鍵盤楽器にも興味を持たせていく。
・ピアノの蓋などで手をはさまないように注意する。
・低音域や高音域で伴奏し、歌いながら合奏すると喜ぶ。

音楽（楽器） 033

リコーダー運指マスター

●対　象	☑発達障害　☑知的障害（軽度）　☐知的障害（中度）　☐知的障害（重度）
●ねらい	・リコーダーの運指がマスターし、リコーダー演奏することができる。
●使用方法	・リコーダーの運指ができない場合に、自分の技能に合わせて段階を経ながら運指をマスターしていく。
●引き出す力	・運指、リコーダー演奏、音符の理解、手の巧緻性
●効果・応用	・読譜能力やリコーダー運指の技能が向上すると、重奏や合奏にも挑戦できる。

材　料	リコーダー楽譜（CD付） 　　　教材例：『Easy 8』(Rbc Music Company, Inc.)　『笛星人』（トヤマ出版） 個人所有（リコーダー）
購入先 価　格	☐100円ショップ　☐家庭内　☐DIYショップ　☐専門店　☑その他（通販） 総額　3,800円　（『Easy 8』）　2,700円　（『笛星人』）

材　料

完　成

活　用

＊リコーダーは上の写真のようなプルーマをお勧めする。プルーマは、一般的なリコーダーより少し小さい、穴の間の幅が狭い、穴周りにシールを貼りやすい、指での触感を得やすい、穴を押さえやすい、などの特長がある。

●作り方の手順
1. 教材の楽譜を黒板に写す。（実物投影機とプロジェクターがあると便利）
2. CD の曲をかけ、それに合わせて楽器を演奏練習する。
3. b 音（ハ長調のシ）の単音の練習曲から始める。
4. a 音（ハ長調のラ）の単音の練習曲から、b 音と a 音による練習曲へと段階的に指導を進める。

●工夫・留意点
・音符を指示棒でたたきながら練習させると、音符を意識させながら吹くタイミングを視覚的に分かりやすく示すことができる。
・音が複数の場合、黒板にルビをふりながら指導すると覚えやすい。

体育（整列） **034**

テニスボールマーカー

●対　象	□発達障害　☑知的障害（軽度）　☑知的障害（中度）　□知的障害（重度）
●ねらい	・整列位置のポイント、運動時の範囲、行進などを視覚的に把握することができる。
●使用方法	・校庭の地面や体育館の床置いて、場所や位置の目印として使用する。
●引き出す力	・整列空間認知、視覚認知、距離感
●効果・応用	・清掃活動時に、動きの導線の目印や清掃場所の目印などにも使用できる。 ・野球ボールなど白いボールを使用し色を塗り分けることで、更に細かな目印としても使用できる。

材　料	テニスボール　紙粘土　木工用ボンド
購入先 価　格	☑100円ショップ　□家庭内　□DIYショップ　□専門店　□その他（　　　） 総額　300円　（テニスボール100円、紙粘土100円、木工用ボンド100円）

材料

完成

活用

●作り方の手順
1. テニスボールを電動糸のこぎり（カッター、ハサミでも可）で半分にカットする。
2. カットしたボールの内側に紙粘土を詰める。
3. 紙粘土が乾いたらその紙粘土を一旦外し、ボールの内側にボンドを付けて、再度、紙粘土を接着する。完成した半円球は、収納透明ボックスなどに保管しておくと持ち運びに便利で使いやすい。

●工夫・留意点
・ボールをカットする時に断面が凹凸になると不安定になるので、真っ直ぐになるようにする。
・紙粘土は乾くと重さが軽くなるため、中にビー玉など重りになる物を入れて重さを調整する。

体育（陸上）035

ハンガーミニハードル

●対　象	☐ 発達障害　☑ 知的障害（軽度）　☑ 知的障害（中度）　☐ 知的障害（重度）
●ねらい	・両足ジャンプや跳び越え動作、またぐ動作ができる。
●使用方法	・体育の授業時（陸上競技など）に、グラウンドや体育館に置いて、ミニハードルとして使用する。
●引き出す力	・ジャンプ、跳ぶ、またぐ
●効果・応用	・素材が身近な物で柔らかいため、恐怖感なく跳び越えることができる。 ・階段の昇降や歩行が苦手な場合に、脚や膝を上げる練習の補助具としても使用することができる。 ・自立活動などの時間に、足（膝）を交互に上げる練習や歩行の練習に使用する。

材　料	ワンタッチハンガー(2個セット)×3個　サランラップの芯6本　幅広セロハンテープ
購入先 価　格	☑100円ショップ　☑家庭内　☐DIYショップ　☐専門店　☐その他（　　） 総額　300円　（ワンタッチハンガー300円）

材　料　

完　成　

活　用　

●作り方の手順
1. サランラップの芯を2本テープで接着し、1本の長い棒にする。これを3本作製する。ボンドや接着剤を使用し、先端部分を合わせてからテープで固定するとより強度が増す。本教材では、一本の棒の長さは61cmになった。
2. 両端に合わせて、クリップハンガーの輪の部分でサランラップの芯を挟むようにする。
3. 1本の棒の両端にそれぞれ一個ずつクリップハンガーを付ける。これを3セット作製し完成。

●工夫・留意点
・クリップハンガーの輪の大きさに対して、挟む棒の太さが細い場合には、足（支え）の部分になるハンガーが安定しないため、棒の太さには注意が必要である。

体育（器械） 036

前転（前回り）お助けハンガー

● 対　　象	☐ 発達障害　☑ 知的障害（軽度）　☑ 知的障害（中度）　☐ 知的障害（重度）
● ねらい	・手や頭を付く位置を視覚的に示し、自力で前転（前回り）をすることができる。
● 使用方法	・体育の授業、マット運動指導時に使用する。 ・前転（前回り）を行う際に補助具として、マットの上に置いて使用する。
● 引き出す力	・回転、バランス
● 効果・応用	・手や頭を付く位置を視覚的に理解することができ、前転の補助となる。 ・ハンガー以外に、針金などを用いて三角形を作ることができる。

材　料	プラスチックハンガー(8本セット)　ジョイントマット　子ども用軍手　接着剤
購入先 価　格	☑ 100円ショップ　☐ 家庭内　☐ DIYショップ　☐ 専門店　☐ その他（　　　） 総額　400円　（プラスチックハンガー 100円、ジョイントマット 100円、 　　　　　　子ども用軍手 100円、接着剤 100円）

材料

完成

活用

● 作り方の手順
1. ジョイントマットに丸型や楕円型の線を描き、カッターナイフなどを用いてカットする。頭の大きさに合わせて、大きさや形を考えてカットするとよい。丸形にする場合、丸形防音マットを代用してもよい。
2. ハンガーの上部に、カットしたジョイントマットを貼り付ける。
3. 軍手の滑り止めの付いている面を上にして、接着剤を使用してハンガーに貼り付ける。軍手がずれないようにしっかりと貼り付けたら完成。ハンガーと軍手を糸で結んで固定してもよい。

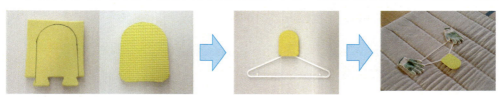

● 工夫・留意点
・使用するハンガーは、針金製などではなく、プラスチックで平型のものを使用するとマットや軍手を接着しやすくなる。また、使用する場合に安全である。
・軍手の大きさは、本人の手の大きさに合わせて大人用を使用して変えてもよい。

体育（ボール） **037**

ドリブルお助けベルト

● 対　象	☑発達障害　☑知的障害（軽度）　☑知的障害（中度）　☐知的障害（重度）
● ねらい	・腰にベルトを巻き、ドリブル練習ができる。
● 使用方法	・子どもの腰にベルトを巻いて、ボールを蹴りながら使用する。
● 引き出す力	・ボール操作、空間認知、目と足の協応動作、蹴る
● 効果・応用	・ドリブルが苦手でも、歩きながらや小走りしながらボールを蹴り、ドリブルすることができる。 ・体からボールの間に伸縮リールが付いているため、ボールを強く蹴ってしまっても、足下に必ずボールが戻ってくる。 ・体格や体型に合わせて紐（ネックストラップ）の長さを調整する。

材　料	フィットネスボール　ベルト　伸縮リール付ネックストラップ
購入先 価　格	☑100円ショップ　☐家庭内　☐DIYショップ　☐専門店　☐その他（　　） 総額　300円　（フィットネスボール100円、ベルト100円、 　　　　　　　伸縮リール付ネックストラップ100円）

材　料　　　　　　　　　完　成　　　　　　　　　活　用

●作り方の手順
1. フィットネスボールが入ったネットの先端部分に、ネックストラップをつなげる。
2. ボールをつなげたネックストラップを、ベルトの留め金具の部分に通しつなげる。
3. ベルトを腰に巻き、締めたら完成。

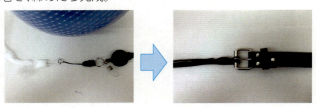

●工夫・留意点
・重たいボールを使用すると、ネットが切れたり、ベルトを巻いている腰に負担がかかったりするため、柔らかく軽いボールを使用するとよい。

体育（ボール） **038**

簡単シュート練習カゴ

●対　象	□ 発達障害　☑ 知的障害（軽度）　☑ 知的障害（中度）　□ 知的障害（重度）
●ねらい	・バスケットボールのシュート練習を簡単に行うことができる。
●使用方法	・体育館内の肋木や教室内の壁などにフック部分を掛け、必要に応じて高さを変えて使用する。 ・カゴの中にボールが入らなくても、側面などにボールが当たり鈴の音が鳴れば得点とする。
●引き出す力	・投げる、空間認知、瞬発
●効果・応用	・カゴの高さを変えることにより、投げる力や技術に応じて難易度を調節することができる。 ・S型フックは引っかけ式であるため、壁面などを利用する場合には吸盤を用いてもよい。

材　料	ランドリ用カゴ　ステンレスS型フック(大)2個入り　銀色の鈴(20個セット)約1.3cm　テグス(0.3mm×10m)
購入先 価　格	☑100円ショップ　□家庭内　□DIYショップ　□専門店　□その他（　　　） 総額　400円　（カゴ100円、S型フック100円、鈴100円、テグス100円）

材料　　**完成**　　**活用**

●作り方の手順
1. ランドリ用カゴの底面にペンで円を描き、線に沿って、カッターやダンボールカッターなどで底面を円形に切り抜く。
2. カゴの周りに、テグスを使って鈴を結び付けていく。鈴の数やカゴの枠の数によって付ける個数を調整する。
3. S型フックをテグスで固定し、体育館内の肋木や教室の壁などに掛けられるようにして完成。

●工夫・留意点
・重たいボールや固いボールを使用する場合には、S型フックを強く固定できるようにする。

体育(ボール) **039**

風船バレーお助け棒

● 対　象	□ 発達障害　☑ 知的障害(軽度)　☑ 知的障害(中度)　□ 知的障害(重度)
● ねらい	・バレーボールの準備段階としての動きを練習できる。
● 使用方法	・バレーボールの授業において、ネットの近くや本人の前に風船を垂らし、ジャンプアタックの練習やレシーブ、サーブの練習をする。
● 引き出す力	・空間認知、ボール追視、目と手の協応動作
● 効果・応用	・通常のボールを操作する運動が苦手であったり、ボールを注視したり追視したりすることが難しい場合でも、レシーブやアタックの練習をすることができる。

材　料	伸縮虫取りあみ(120cm)　風船　銀色の鈴(20個セット)約1.3cm　テグス(0.3mm×10m)
購入先 価　格	☑ 100円ショップ　□ 家庭内　□ DIYショップ　□ 専門店　□ その他(　　) 総額　400円　(虫取りあみ 100円、風船 100円、鈴 100円、テグス 100円)

材料　**完成**　**活用**

● 作り方の手順

1. 伸縮性の虫取りあみの、あみを取り外す。
2. 風船の中に鈴を3個入れ、重みを加えるとともに、打ったときに音が鳴るようにする。
3. テグスを使い、虫取りあみの針金部分に風船を縛り付けたら完成。本教材では、針金部分と風船の間は80cmにして作製した。伸縮性の虫取りあみを伸ばすと、180cmまで伸ばすことができる。

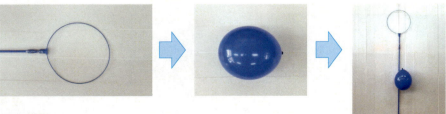

● 工夫・留意点

・虫取りあみと風船までの距離が近いと、本人が怖がってしまい風船を打つことができないので、体格や実態に合わせて、棒と風船の距離を調整する。

体育（水泳） **040**

サンダルビート板

●対　象	□発達障害　☑知的障害(軽度)　☑知的障害(中度)　□知的障害(重度)
●ねらい	・ビート板の活用を促すことができる。
●使用方法	・水泳の授業時に、手にはめて簡易ビート板として活用する。
●引き出す力	・浮く、泳ぐ、水泳
●効果・応用	・手にはめて使用するため、ビート板を離してしまうことがない。 ・従来のビート板の上に、サンダルを貼り付けて固定してもよい。 ・浮力が足りない場合には、ジョイントマットの枚数を増やしてもよい。

材　料	ビーチサンダル(29cm LLサイズ)　帽子クリップ(クリップ部分)　輪ゴム22本 ジョイントマット(2枚入り)
購入先 価　格	☑100円ショップ　☑家庭内　□DIYショップ　□専門店　□その他(　　　) 総額　300円　（ビーチサンダル100円、帽子クリップ100円、 　　　　　　　　　ジョイントマット100円）

材料

完成

活用

●作り方の手順
1. ジョイントマットを2枚重ねて、接続部の20カ所を輪ゴムで巻き付けて固定していく。
2. ビーチサンダルの紐部分、左右それぞれの内側に、輪ゴムを用いてクリップを結ぶ。
3. 接着剤やひもなどを用いて、ビーチサンダルとジョイントマットを貼り付けて固定したら完成。

●工夫・留意点
・使用した際に壊れてしまわないよう、サンダルとジョイントマットをしっかりと貼り付けて固定する必要がある。
・輪ゴムとクリップで腕とサンダルを固定すると、プール内ですぐにビート板から手が離せなくなるため、実態に応じて、クリップ無しで作製してもよい。

体育（保健） 041

簡単手作り男性器

●対　象	□発達障害　☑知的障害(軽度)　☑知的障害(中度)　□知的障害(重度)
●ねらい	・保健の授業(プライベートゾーンについて、男性器の洗い方、避妊具の付け方など)で、実際に触れながら学習できる。
●使用方法	・先端のゴムの切れ目部分を左右に開き、上下に開閉する。 ・自分で洗う動作や洗い方を練習できる。 ・避妊具を実際に着用し、使用方法を練習する。
●引き出す力	・男性の体の理解、手先の操作、手指の巧緻性、視覚認知
●効果・応用	・触れながら、または持ちながら具体的に学習できる。 ・クッションをスポンジ製にしたり、風船を肌色にしたりしてもよい。

材　料	ぶつかり防止クッション(3cm×40cm)　風船20個入り(22cm、9インチ)　カラーリング15個入り(内径30mm)
購入先 価　格	☑100円ショップ　□家庭内　□DIYショップ　□専門店　□その他(　　) 総額　300円　(ぶつかり防止クッション100円、風船 100円、カラーリング 100円)

材　料　　**完　成**　　**活　用**

●作り方の手順
1. ぶつかり防止クッションを10cmの長さに2本切る。切った物を両面テープで接着して円柱状にする。※両面テープは購入時に付いていた。
2. 円柱の先端部分を、ハサミで角とりして丸くする。10cmの円柱に、上から3cmのところにカラーリングをはめる。
3. 円柱の先端から、上下に切り込みを入れた風船をかぶせていき、底面までかぶせたら完成。

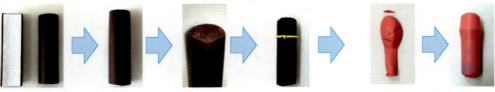

●工夫・留意点
・風船の先端を切る際に、長く切りすぎると円柱に被せた時に抜けてしまうため、切る長さを調整する。
・本教材は、インターネットの桑ぴょんの特別支援教育マラソン3.0「あわい」特別支援の性教育編(http://kuwapyon.main.jp/seikyouiku.html) を参考に作成した。

— 56 —

体育（保健） 042

私のからだ

● 対　象	☐ 発達障害　☑ 知的障害（軽度）　☑ 知的障害（中度）　☐ 知的障害（重度）
● ねらい	・自分の子宮の位置や形などをイメージできる。
● 使用方法	・初経指導の中で、体の中の子宮の位置や卵巣を視覚的に捉える。
● 引き出す力	・女性の体の理解、視覚認知、想像
● 効果・応用	・子宮と同じ位置になるように、エプロンに付けて使用することができる。 ・視覚的に卵巣の中の様子が分かる。 ・割り箸に卵子に見立てたフェルトを付けることで卵子の移動の様子が分かる。

材　料	フェルト（黄色、白色）　カラーひも（桃色）　綿　刺しゅう糸（桃色） 学校備品（割り箸、ボンド、針と糸、ハサミ）　家庭内（無地の布）
購入先 価　格	☑ 100円ショップ　☑ 家庭内　☐ DIYショップ　☐ 専門店　☐ その他（　　） 総額　400円　（フェルト100円、カラーひも100円、綿100円、刺しゅう糸100円）

材料 　　**完成** 　　**活用**

● 作り方の手順
1. 子宮の作り方
   ① 型紙を作り、型紙に合わせてフェルトをカットする。（2枚）
   ② 綿を詰め、巻きかがりをしながらひもを縫い付ける。
2. 卵巣の作り方
   ① フェルトを6枚丸くカットする。
   ② 1つはフェルトを2枚合わせて綿を詰め、巻きかがりをしながら子宮のひもに縫い付ける。
   ③ もう1つは断面になるほうにボンドで白と黄のフェルトを貼り付け、②と同様に綿を詰め、巻きかがりをしてひもに縫い付ける。

型紙

・フェルトは2枚重ねて裁断する　・巻きかがり　・ボンドで貼り付ける

● 工夫・留意点
・型紙を作り、ひもの縫い付け場所を決めておくとよい。
　（参考教材：『手芸の店　おがわ　～思春期のからだのしくみ～』）
・子宮の中が分かる既製の教材と合わせて使うと、よりイメージしやすい。

体育（賞賛） **043**

カラーマグネットメダル

●対　象	☐ 発達障害　☑ 知的障害（軽度）　☑ 知的障害（中度）　☑ 知的障害（重度）
●ねらい	・学習や活動に対する動機づけとして使用し、競争心や積極性を促すことができる。
●使用方法	・体育などにおいて、強化子や物理的賞賛として使用する。
●引き出す力	・意欲、積極性、自主性、競争
●効果・応用	・やる気を引き出したり、動機づけになったりする。 ・カラーマグネットの色を変えると、更に用途が広がる。 ・使用後は、マグネットとして通常使用することもできる。

材　料	カラーマグネット6個入り(クリアタイプ)　リボンセット2個　スタディーシール　ホログラム千代紙(シールタイプ)
購入先 価　格	☑100円ショップ　☐家庭内　☐DIYショップ　☐専門店　☐その他（　　） 総額　500円　（カラーマグネット100円、リボンセット200円、 　　　　　　　スタディーシール100円、ホログラム千代紙100円）

材料　　**完成**　　**活用**

●作り方の手順
1. ホログラム千代紙の裏面に、直径2.7cmの円を6個描き、ハサミやカッターで切り抜く。
2. リボンを首からかけることができる長さに切る。今回は、80cmの長さとした。これを6本切り、セロハンテープなどで、カラーマグネットの裏面にリボンを付け、首掛け用のメダルなるようにする。
3. カラーマグネットの表面に、円形に切ったホログラム千代紙を貼り、その上に更にスタディーシールを貼り1個できあがり。これを6個作製したら全て完成。

●工夫・留意点
・メダルに重さをもたせてよりメダル感を出すために、カラーマグネットを使用した。本教材では、外見を重視しクリアタイプのマグネットやホログラム千代紙を使用したが、用途や必要に応じてクリアタイプではなくカラーの物や折り紙等を使用してもよい。

自分で覚えるアルファベット

●対　象	☑発達障害　☑知的障害（軽度）　☐知的障害（中度）　☐知的障害（重度）
●ねらい	・自分スタイルでアルファベット46文字を覚えることができる。
●使用方法	・アルファベットを何度復唱してもなかなか覚えらない場合に、自分が覚えやすいスタイルでアルファベット46文字を考えていく。それらは、一覧表に作成し、繰り返し唱えながら覚えていく。
●引き出す力	・英単語の理解、推理、想像、記憶
●効果・応用	・本人が考えたアルファベットの覚え方について、その絵カードを作成すると更に理解が深まる。 ・英単語も自分スタイルで覚えることができる。

材　料	学校備品（A4用紙、色鉛筆）
購入先 価　格	☐100円ショップ　☐家庭内　☐DIYショップ　☐専門店　☐その他（　　） 総額　0円

材料 / 完成 / 活用

●作り方の手順
1. 「A」から「Z」まで、1つずつ、アルファベットの覚え方を考えて用紙に書き記す。
2. 自分スタイルのアルファベットの覚え方を一覧表にする。
3. 意味が通じない場合には、内容やアルファベットを修正する。
4. 覚え方の内容に合った絵カードを作成する。

●工夫・留意点
・本人が言った内容とスペルが合わない場合には、教師がヒントを出したり修正する。

英語（読む） 045

身近にある英語表記

● 対　象	☑発達障害　☑知的障害（軽度）　☐知的障害（中度）　☐知的障害（重度）
● ねらい	・身近に見かける英語を読むことができ、職種を見分けることができる。
● 使用方法	・身近に見かける英語表記の会社名等を見て、英語を読み、どのような会社（店）なのかを判断する。
● 引き出す力	・英文（読み）、視覚認知、職種の理解
● 効果・応用	・英単語の読みの導入に使用できる。 ・会社名等を覚えることにより、買い物や校外学習等のときに、必要なお店に入ることができる。

材　料	写真用紙 学校備品（画用紙）
購入先 価　格	☐100円ショップ　☐家庭内　☐DIYショップ　☐専門店　☐その他（　　） 総額　500円　（写真用紙500円）

材料　　　　　**完成**　　　　　**活用**

●作り方の手順
1. 会社（店）の英語名の写真を撮り、印刷して職種ごとに分ける。
2. 会社（店）の英語名と日本語を印刷し、カードになるように切り分ける。
3. 会社（店）の職種ごとの「カテゴリーカード」を作る。

 → 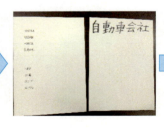 →

●工夫・留意点
・会社名等を大量に写真に撮り、それを見ながら「職種一覧表」として読み指導に活用する。
・地方により、地元に根差した会社（店）名があるので、それも「職種一覧表」に含めた方がよい。
（※次頁の身近にある英単語を参照）

＜身近にある英単語＞

カテゴリー	英単語標記
1．コンビニ	SEVEN-ELEVEN、LAWSON、Family Mart、Circle K sunkus、MINISTOP、Daily YAMAZAKI、Seicomart（北海道）、SAVE ON（北関東）、Cocostore（南九州・沖縄）
2．デパート	MITHUKOSHI、ISETAN、DAIMARU、Matsuzakaya、Takashimaya、SOGO、SEIBU 、HANSHIN、Hankyu 、Seven & i Holdings、MARUI、Kintetsu、PARCO、DAKYUO
3．スーパー	AEON、Seven & i Holdings、Daiei、IZUMI 、ARCS、valor（東海）、HEIWADO（近畿・北陸・東海）、maruetsu（関東）
4．飲食店	GUSTO、COCO'S、BigBoy、Saizeriya、Royal Host、McDonald's、MOSBURGER、LOTTERIA、SUBWAY、KFC、MisterDonut、DOUTOR、STARBUCKS、TULLY'S
5．通信会社	NTT docomo、KDDI、SoftBank、WILLCOM、au
6．飲み物	Coca-Cola、MITSUYACIDER、Coffee、Tea、Cocoa、AQUARIUS、POCARI SWEAT、milk、water、juice、beer、wine
7．スポーツ メーカー	adidas、NIKE、PUMA、MIZUNO、ASICS 、DESCENTE、GOLDWIN、DUNLOP、YONEX、Champion、CONVERSE
8．交通機関 乗り物	JAL、ANA、airplane、helicopter、JR、train 、subway、monorail、TAXI、BUS、car、bicycle、motorcycle、ship 、boat
9．ショップ関連	OPEN、CLOSED、am、pm、Information、hot、cold、pull、push、Entrance、EXIT、TOILET、SALE、off、sold out、ATM、fish、meat、vegetable、flower
10．自動車会社	TOYOTA、HONDA、NISSAN、DAIHATSU、SUZUKI、MITSUBISHI、SUBARU、HINO、MAZDA、ISUZU
11．文房具	CD、DVD、book、notebook、pen、pencil、map
12．電子マネー	Suica、iD、WAON、nanaco、Edy、PASMO、QUICPay、Kitaca（北海道）TOICA（東海）、manaca（名古屋）、nimoca（西日本）PiTaPa（京阪神）、ICOCA（関西）、SUGOCA（九州）
13．電気会社	Panasonic、NEC、FUJITSU、Canon、SHARP、HITACHI、SONY、TOSHIBA、EPSON、MITSUBISHI
14．パソコン関連	Internet 、Yahoo!、Google、goo、Word、Excel、PowerPoint、Windows、mail、address、USB
地方限定（山形県）	yamazawa、MaxValu、S-PALL

英語（読む） 046

英文が簡単に読めるもん

●対　　象	☑発達障害　☑知的障害（軽度）　☐知的障害（中度）　☐知的障害（重度）
●ねらい	・英文とイラストを関連させながら英文を読むことができる。
●使用方法	・中学校1年生程度の英文が読めない場合に、英会話文の読みをイラストで視覚的にマッチングしながら、読みをスムーズにする。
●引き出す力	・英文の読み、視覚推理、想像、短期記憶
●効果・応用	・英語が苦手な生徒でもイラストがあることで、英文が読めるようになり意欲が高まり、楽しく学習できるようになる。

材　料	学校備品（英語の教科書、コピー用紙）
購入先 価　格	☐100円ショップ　☐家庭内　☐DIYショップ　☐専門店　☐その他（　　） 総額　0円

材　料　　　　　**完　成**　　　　　**活　用**

●作り方の手順
1. 教科書から英文を抜き出す。
2. 英文を文節で区切り、下にわかりやすいイラストを付ける。
3. イラストを見ながら、発音を想像して読み方の練習を行う。

〈作成例〉

What's your name? ➡ What's　your　name?

ワァッ！　ユーレー　ネムー

How are you? ➡ How　are　you?

ハアー　アァ～　湯

●工夫・留意点
・英文をイラストで表示することにより、英語に親近感を持たせる。
・単語ごとにイラストを付けるのではなく、文節で区切りスムーズな発音を目指す。

＜英文の読み方具体例＞

Program 3　ウッド先生がやってきた
I like 〜. / Do you 〜？I don't 〜/ を使用した英文

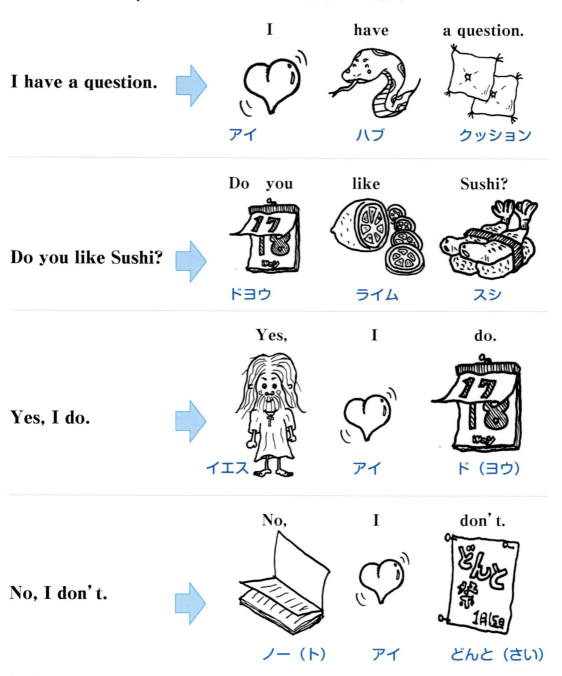

【文献】
平成28年　開隆堂出版『SUNSHINE ENGLISH COURSE1』

英語（書く） 047

大文字小文字セットで覚えるアルファベット

● 対　　象	☑発達障害　☑知的障害（軽度）　☐知的障害（中度）　☐知的障害（重度）
● ねらい	・アルファベットの大文字と小文字を関連づけて覚えることができる。
● 使用方法	・アルファベット絵カードを見ながら、大文字と小文字に関連性があることに気づく。
● 引き出す力	・アルファベットの理解、想像
● 効果・応用	・アルファベット26文字の大文字と小文字を切り離してバラバラにし、それをマッチングすることで、関連づけが更に深まる。 ・アルファベット26文字の大文字と小文字の書きがイメージ化しやすい。

材　料	学校備品（画用紙、色鉛筆、ハサミ）
購入先 価　格	☐100円ショップ　☐家庭内　☐DIYショップ　☐専門店　☐その他（　　） 総額　0円

材料

完成

活用

● 作り方の手順
1. アルファベット大文字と小文字をセットで作ることができる用紙を準備する。
2. アルファベット大文字と小文字がマッチングできるようにイラストを描く。
3. アルファベットのイラストに色を塗って完成。

「J」はジェイアールで、「j」は吊り革

● 工夫・留意点
・大文字と小文字を切り離して使用する場合には、アルファベットの文字と同じように切ると更にイメージできやすい。例えば、「W」の場合には、ダブルの形に切り離す。
※巻末資料3に「アルファベット大文字小文字セット」を掲載

英語(書く) **048**

似ているアルファベット小文字の区別

●対　象	☑発達障害　☑知的障害(軽度)　☐知的障害(中度)　☐知的障害(重度)
●ねらい	・似ているアルファベット小文字を間違えずに書くことができる。
●使用方法	・「a」と「d」、「b」と「d」、「n」と「m」、「h」と「n」など、間違いやすいアルファベット小文字について、動物のからだ等を比較しながら、どこが異なるかを見つけ出す。
●引き出す力	・アルファベット小文字の区別、比較、想像
●効果・応用	・アルファベット小文字から、大文字も区別することができるようになる。

材　料	学校備品(画用紙)
購入先 価　格	☐100円ショップ　☐家庭内　☐DIYショップ　☐専門店　☐その他(　　) 総額 0円

材料　　**完成**　　**活用**

●作り方の手順
1. 間違いやすいアルファベットの「a」「d」、「b」「d」、「n」「m」、「h」「n」と、それに対応する、「イヌ」「ウサギ」「イネ」「キリン」を印刷する。
2. イラストとアルファベットをマッチングしやすいように、パズルのように切る。
3. 最後に、アルファベット、イラスト、モザイク画を描いて完成。

「a」はネコの耳、「d」はウサギの耳

●工夫・留意点
・動物のからだ等で比較させた後に、モザイク画を作成し想像させることで、更に理解が深まる。
・イラストとアルファベットをパズルのように切って、マッチングさせてもよい。

英語（書く） **049**

絵で覚える英単語スペル

● 対　象	☑ 発達障害　□ 知的障害（軽度）　□ 知的障害（中度）　□ 知的障害（重度）
● ねらい	・英単語絵カードを見ながら、英単語を正しく書くことができる。
● 使用方法	・教師が英単語絵カードを作成した場合は、絵の中からスペルを見つけ出す。 ・英単語絵カードをフラッシュカードにして大量に覚える。
● 引き出す力	・英単語の理解、想像、推理
● 効果・応用	・英単語絵カードをいくつか並べて、英文を作成することができる。

材　料	学校備品（A4用紙、色鉛筆、ハサミ）
購入先 価　格	□ 100円ショップ　□ 家庭内　□ DIYショップ　□ 専門店　□ その他（　　） 総額　0円

材　料　　　　　　**完　成**　　　　　　**活　用**

● 作り方の手順
1. 覚えにくい英単語を選定し、用紙にスペルを書き写す。
2. 英単語の意味を理解しながら、用紙に絵を描いていく。
3. 書き上げた絵を切り取り、英単語絵カードにする。
4. 英単語絵カードを見ながらスペルを書く。

● 工夫・留意点
・スペルの部分を太字にしたり、色を変えるなど強調すると分かりやすい。
・壊れにくくするために、ラミネート加工するとよい。
※巻末資料4に「絵で覚える英単語スペル」を掲載

― 66 ―

日生（整理） **050**

文房具は箱に入れて

●対　象	☐発達障害　☑知的障害（軽度）　☑知的障害（中度）　☐知的障害（重度）
●ねらい	・授業に必要な文房具を自分で用意することができる。
●使用方法	・仕切り板は何度でも取り外しが可能なので、その時間に使用するものに合わせて仕切りを変えて使用する。
●引き出す力	・整理整頓、空間認知、マッチング、物の管理
●効果・応用	・慣れてきたら、マッチングさせる写真ではなく、文字を書いてその場所に入れる。

材　料	プラスチック箱　仕切り板 学校備品（紙、カラーコピー機、ハサミ、デジタルカメラ、ラミネート）
購入先 価　格	☑100円ショップ　☐家庭内　☑DIYショップ　☐専門店　☐その他（　　） 総額　200円　（プラスチック箱100円、仕切り板100円）

材　料　　　　**完　成**　　　　**活　用**

●作り方の手順
1. 学習活動で使用する文房具を並べデジカメで写真を撮り、カラー印刷する。
 （補強する場合は、ラミネートをかける。）
2. カラー印刷した文房具を仕切りの大きさに合わせてハサミで切り取る。
3. 仕切り板を使い、用途に合わせ箱を区切る。
4. 切り取った写真を箱の底に敷いて完成。

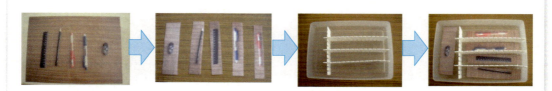

●工夫・留意点
・仕切り版は、文房具の大きさ、数量、種類に合わせて切る。

日生（朝の会） **051**

個別の予定表

● 対　　象	☐ 発達障害　☑ 知的障害（軽度）　☑ 知的障害（中度）　☐ 知的障害（重度）
● ねらい	・今日の予定を視覚的に提示し、見通しを持って自分から活動できる。
● 使用方法	・1日のスケジュール、各教科等での授業の流れなどについて、絵カードを見ながら確認する。
● 引き出す力	・スケジュール管理、情報活用、視覚認知、見通し
● 効果・応用	・国語・算数などの個別学習の予定表 ・調理、制作などの手順表

材　料	PPシート　マジックテープ（接着タイプ）
購入先 価　格	☑ 100円ショップ　☐ 家庭内　☐ DIYショップ　☐ 専門店　☐ その他（　　） 総額　200円　（PPシート100円　マジックテープ100円）

材料　　　　　完成　　　　　活用

●作り方の手順
1. 予定表カードを印刷し、ラミネートをかける。
2. カードの裏にマジックテープを貼る。
3. PPシートを、使いたい大きさに切ってマジックテープを貼って完成。

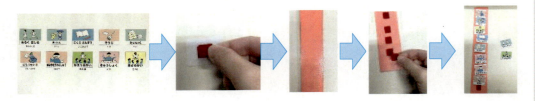

●工夫・留意点
・絵カードの大きさとPPシートの幅は調整しながら作成する。
・使い方として、終わった活動から絵カードを外していく。

日生（朝の会） **052**

お天気マーク

● 対　象	☐ 発達障害　☐ 知的障害（軽度）　☑ 知的障害（中度）　☑ 知的障害（重度）
● ねらい	・正しい天気マークを選んでとる（握る）ことができる。
● 使用方法	・外の天気を見て確認し、正しい天気を選択する。
● 引き出す力	・握る、握力、選択、天候
● 効果・応用	・手の力に合わせて、掴みやすい大きさや柔らかさの天気マークを作ることができる。

材　料	フェルト、綿 学校備品（厚紙、裁縫セット）
購入先 価　格	☐ 100円ショップ　☐ 家庭内　☐ DIYショップ　☑ 専門店　☐ その他（　　） 総額　400円　（フェルト200円、綿200円）

材　料　　　**完　成**　　　**活　用**

●作り方の手順
1. 厚紙に「晴れ」「曇り」「雨」「雪」の形の型を作る。
2. 型に合わせてフェルトを切る。
3. フェルトを縫い、綿を入れて完成。
4. 必要があれば表面にフェルトを貼る。（雪だるまの顔等）

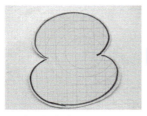 →  →

●工夫・留意点
・天気マークの握りやすさを綿の量で調節する。

日生(身支度) 053

着替えボックス

● 対　　象	☐ 発達障害　　☐ 知的障害（軽度）　　☑ 知的障害（中度）　　☑ 知的障害（重度）
● ねらい	・一人で衣服を着替えることができる。
● 使用方法	・BOXを2セット用意し、脱いだ服は下から上へと順番に置き、これから着る服は上から下へと順番に着ていく。
● 引き出す力	・着替え、整理整頓、身体動作、順序
● 効果・応用	・BOXを2セット用意することで、脱ぐ服と着る服の順番が分かり、着替えの自立が可能となる。

材　料	収納トレー（段数を自由に変えられるもの） 学校備品（ハサミ）
購入先 価　格	☑100円ショップ　☐家庭内　☐DIYショップ　☐専門店　☐その他（　　） 総額　600円　（トレー100円×3個×2セット）

材　料　　　　　**完　成**　　　　　**活　用**

 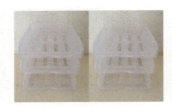 

● 作り方の手順
1. 付属の部品をハサミで切って取り外す。
2. トレーの四隅に差し込んで、2セットを組み立てる。
3. 着替える衣服は、着る順に上から入れて完成。

● 工夫・留意点
・プラスチックで滑りやすいので、滑り止めを敷くとよい。
・BOXを2セット用意しておくと、脱いだ服と着る服を区別することができる。

日生（身支度） **054**

楽々！はけるくん

● 対　象	☐ 発達障害　☐ 知的障害（軽度）　☐ 知的障害（中度）　☑ 知的障害（重度）
● ねらい	・かかとを靴に入れることができる。
● 使用方法	・指の握力がなく、手指機能が不十分な場合に、少しの力で引っ張ってかかとを靴の中に入れて履く。
● 引き出す力	・手指の巧緻性、履く、つまむ、引っ張る
● 効果・応用	・指先の感覚が過敏だったり、軽度の肢体不自由の場合にも有効である。

材　料	牛革付きキーホルダー 学校備品及び家庭内（針、糸、ハサミ）
購入先 価　格	☑ 100円ショップ　☑ 家庭内　☐ DIYショップ　☐ 専門店　☐ その他（　　） 総額　200円　（牛革付きキーホルダー100円×2）

材　料　　　　　　　　**完　成**　　　　　　　　**活　用**

● 作り方の手順
1. 牛革付きキーホルダーの金具から牛革を外す。
2. 牛革を靴のかかと部分に糸で縫い付ける。

● 工夫・留意点
・引っ張ったときにかかとが折れ曲がらないように、できるだけかかとの先端に縫い付ける。
・牛革がない場合には、丸いリングで代用することもできる。

日生（身支度） **055**

靴ひも縛れるくん

● 対　　象	□発達障害　☑知的障害（軽度）　☑知的障害（中度）　□知的障害（重度）
● ねらい	・靴ひもを通す順番や場所を間違えないで、靴ひも結びができる。
● 使用方法	・シールの目印を見ながら靴ひもを通していき、最後に蝶結びまでできたら終了する。
● 引き出す力	・目と手の協応動作、靴ひも結びの技術、順序、手指の巧緻性
● 効果・応用	・サンダルを履きながら行い、実際の靴に近い形で練習することができる。 ・靴ひもの色を変えたり、毛糸などで代用したりしてもよい。

材　料	サンダル　靴ひも2セット（白2本、黒2本）　パンチ穴補強シール 学校備品（輪ゴム4本）
購入先 価　格	☑100円ショップ　☑家庭内　□DIYショップ　□専門店　□その他（　　） 総額　400円　（サンダル100円、靴ひも200円、パンチ穴補強シール100円）

材　料　　　　　完　成　　　　　活　用

● 作り方の手順

1. サンダルの模様に沿って、ペンで切り取り線を書き入れる。その線に沿って、カッターナイフでサンダルを切っていく。
2. パンチ穴補強シールの半分を油性ペンで黒く塗りつぶし、白黒の印を作る。サンダルに開いた穴の部分にシールを貼り付け、靴ひもを通すための目印を作っていく。
3. 一番つま先に近い穴に靴ひもを通し、中で結んでひもの長さを調整する。サンダルのつま先の部分からシールと同じ色の靴ひもを交互に通していく。パンチ穴補強シールは、貼り付きの強度が弱いこともあるため、のりやボンドなどを付けながら貼り付けるとよい。

● 工夫・留意点

・パンチ穴補強シールははがれやすいため、のりやボンドで貼り付け、はがれにくいようにするか、サンダルに直接目印を書き入れてもよい。

日生（身支度） 056

バックル　はずしくん／はめるくん

●対　象	☐発達障害　☑知的障害（軽度）　☑知的障害（中度）　☐知的障害（重度）
●ねらい	・一人でリュックのバックルを外したりはめたりすることができる。
●使用方法	・校外学習や修学旅行等で簡単にバックルを外せるように練習として使用する。
●引き出す力	・手指の巧緻性、目と手の協応動作、つまむ
●効果・応用	・様々なタイプのバックルを外したりはめたりすると、どのようなリュックにも対応できる。

材　料	バックル（多種類）　織ゴム 学校備品（ガムテープ、土台の筒状の物）
購入先 価　格	☑100円ショップ　☐家庭内　☐DIYショップ　☑専門店　☐その他（　　） 総額　300円　（バックル60円〜200円、織ゴム100円）

材　料　　　　　**完　成**　　　　　**活　用**

●作り方の手順
1. バックルに織ゴムを通し、縫い付ける。
2. バックルをガムテープで土台に貼り付けていく。
3. バックルをはめて完成。

●工夫・留意点
・織ゴムはゆとりを持たせて取り付ける（太い紐でも代用可）。
・バックルは種類を統一したり、本人が実際に使用しているものと同じタイプにしたりするとよい。

日生（食事） **057**

自分ですくって食べよう

●対　象	☐発達障害　☐知的障害（軽度）　☐知的障害（中度）　☑知的障害（重度）
●ねらい	・弁当箱のご飯をスプーンですくって食べることができる。
●使用方法	・自分でスプーンを持ってご飯をすくうことができたら終了する。
●引き出す力	・手指の巧緻性、握る、手指の運動、すくう
●効果・応用	・他人の支援を受けないで、一人でスプーンを持って、ご飯を食べることができる。 ・ご飯だけでなく、お味噌汁やおかずにも対応できる。

材料	靴置き　すべり止め 学校備品または個人（スプーン、フォーク、フィルムケース2個）
購入先 価格	☑100円ショップ　☐家庭内　☐DIYショップ　☐専門店　☐その他（　　） 総額　200円　（靴置き100円、すべり止め100円）

材　料

完　成

活　用

●作り方の手順
1. 靴置きの上に、すべり止めを置く。
2. すべり止めの上に弁当箱を乗せる。両サイドに、フィルムケースを付けてスプーン・フォークを入れる。

●工夫・留意点
・ご飯の重量によっては、すべり止めが効かなくなるので、すべり止め用品の種類を変えてみる。

日生（食事） **058**

バランスよく食べよう

●対　象	☐発達障害　☐知的障害（軽度）　☑知的障害（中度）　☑知的障害（重度）
●ねらい	・持参した弁当や給食をバランスよく食べることができる。
●使用方法	・適量を自分でバランスよく食べることができたら終了する。
●引き出す力	・栄養素、バランス、選択、色の弁別
●効果・応用	・色（赤・黄・緑）で食品のバランスを考えることができる。

材　料	おぼん　シリコンカップ　氷ケース
購入先 価　格	☑100円ショップ　☐家庭内　☐DIYショップ　☐専門店　☐その他（　　） 総額　300円　（おぼん100円、シリコンカップ100円、氷ケース100円）

材　料　　　　　**完　成**　　　　　**活　用**

●作り方の手順
1. おぼんの上に、氷ケースを貼り付ける。
2. 氷ケースにシリコンカップ（赤・黄・緑）を入れる。
3. シリコンカップ（赤・黄・緑）の中に、食品群を見ながらおかずを入れる。

●工夫・留意点
・三色食品群の学習をしながら、バランスよく食べるように促す。
　　　→（赤）血液や肉をつくる　（黄）力や体温になる　（緑）体の調子を整える
・おかずを1つ1つ、三色食品群を照らし合わせるようにしていく。

日生（清掃） **059**

ぞうきん掛けお助けグッズ

● 対　象	☐ 発達障害　☐ 知的障害（軽度）　☑ 知的障害（中度）　☑ 知的障害（重度）
● ねらい	・四つ這いや高這い姿勢の動きを獲得し、ぞうきん掛けをすることができる。
● 使用方法	・上手にぞうきん掛けができない場合に、体に付けたワッペンを意識させることで四つ這いでの体の動かし方を身に付け、雑巾がけをスムーズに行う。
● 引き出す力	・姿勢保持、目と手の協応動作
● 効果・応用	・足に付けるワッペンを太ももではなく、足の甲に付けることで、高這いでのぞうきん掛けの仕方を身に付けることができる。 ・ゴムではなく細長く切った布にワッペンとマジックテープを縫い付け、輪状にして腕や足に付けられるようにすることで、ゴムの締め付けが苦手な場合にも活用できる。

材　料	ゴム、ワッペン 学校備品（針、糸）
購入先 価　格	☑ 100円ショップ　☑ 家庭内　☐ DIYショップ　☐ 専門店　☐ その他（　　） 総額　324円　（ゴム100円、ワッペン100円×2種類）

材　料　**完　成**　**活　用**

2種類のワッペン
幅30mmの織ゴム

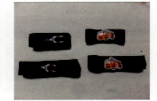

● 作り方の手順
1. 縫製用の太いゴムを腕と足の太さに合わせて切る。
2. 切ったゴムの端を縫い合わせて輪状にする。4本作る。
3. 切ったゴムに一つずつワッペンを縫い付ける。

● 工夫・留意点
・ワッペンの大きさに合うゴムを用意する。

日生（清掃） 060

ぞうきん　掛けるぞ！

●対　象	☐発達障害　☐知的障害（軽度）　☑知的障害（中度）　☑知的障害（重度）
●ねらい	・ぞうきん掛けをすることができる。
●使用方法	・ぞうきん掛けの練習で活用し、乾拭き専用にする。 ・握力がなかったり、ぞうきんを放してしまうときに使用する。
●引き出す力	・目と手の協応動作、手指の巧緻性
●効果・応用	・窓や家具などの拭き掃除にも応用できる。

材　料	ぞうきん　軍手 学校備品（裁縫セット）
購入先 価　格	☑100円ショップ　☐家庭内　☐DIYショップ　☐専門店　☐その他（　　） 総額　200円　（ぞうきん100円、軍手100円）

材　料

完　成

活　用

●作り方の手順
1. ぞうきんと軍手を用意する。
2. ぞうきんの上に軍手を乗せて縫い付ける。
　（マジックテープで取り外しできるようにしてもよい）
3. 軍手に右左書いて完成。

●工夫・留意点
・ぞうきんと軍手の位置は、本人の手を置く位置を確認してから決める。

日生（清掃） **061**

ぞうきん絞り練習棒

●対　象	□発達障害　☑知的障害（軽度）　☑知的障害（中度）　□知的障害（重度）
●ねらい	・ぞうきんの正しい持ち方、手首の動かし方を覚えて、縦絞りができる。
●使用方法	・左手を下、右手を上にしてトイレットペーパーの芯部分を持ち、両手で左右逆方向に絞るように動かす。 ・半円の色シールが同じ色の一つの円になる位置まで動かすようにする。3色あるので3回絞る練習をする。
●引き出す力	・手首の微細運動、手指の巧緻性、握力
●効果・応用	・縦絞りの手の位置や、動かし方を覚えることができる。 ・太さの違うラップの芯2本を使用しても作製することができる。

材　料	ラップの芯　トイレットペーパーの芯2本　ゴルフボール　ポール用洗濯バサミ　丸シール
購入先 価　格	☑100円ショップ　☑家庭内　□DIYショップ　□専門店　□その他（　　　） 総額　300円　（ゴルフボール100円、洗濯バサミ100円、丸シール100円）

材　料　

完　成　

活　用　

●作り方の手順
1. ラップの芯の片方に、ボンドや接着剤でゴルフボールを貼り付ける。
2. トイレットペーパーの芯に、縦に直線を書き、線に沿ってハサミで切る。2セット作る。
3. 赤、青、黄色の3色の丸シールをそれぞれ半分に切り、トイレットペーパーの芯のふち部分に貼り付ける。2本の芯に付けた丸シールの幅が同じになるように調整する。これを上下にして、左右逆に回転させたときに、半円シールが重なって丸になるようにする。
4. トイレットペーパーの芯の淵部分にセロハンテープを貼り、回転させても擦れないように補強をし、ラップの芯にはめていく。ゴルフボール側が下になるようにし、上部にポール用洗濯バサミを付けて、芯が外れないようにして完成。

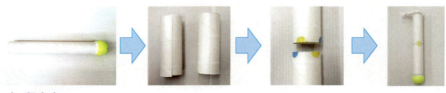

●工夫・留意点
・丸シールを貼る位置によって絞る動作の幅が決まるので、本人の手の大きさや、実態に合わせて調整する。

日生（清潔） **062**

トイレトペーパー上手に破るもん

● 対　象	□ 発達障害　□ 知的障害（軽度）　☑ 知的障害（中度）　☑ 知的障害（重度）
● ねらい	・トイレトペーパーを引っ張って破ることができる。
● 使用方法	・トイレットトレーニングの一連の行動として練習する。
● 引き出す力	・手指の巧緻性、目と手の協応動作、清潔感、引っ張る
● 効果・応用	・練習が上手にできたら、実際にトイレでトイレットペーパーを破って拭いてみる。 ・トイレの自立ができる。

材　料	ぞうきん　軍手 学校備品（裁縫セット）
購入先 価　格	☑ 100円ショップ　□ 家庭内　□ DIYショップ　□ 専門店　□ その他（　　） 総額　300円　（透明ケース100円、滑り止め100円、つっぱり棒100円）

材　料　　　　　**完　成**　　　　　**活　用**

● 作り方の手順
1. つっぱり棒にトイレットペーパーを通す。
2. 両サイドに穴があるケースにつっぱり棒を通す。
3. ケースを立てて、すべり止めと刃（紙製）を乗せる。
4. トイレットペーパーを下に引っぱり、破ることができたら完成。

● 工夫・留意点
・つっぱり棒の太さとケースの穴を調節する。
・刃で手を切らないように紙製の物を使用する。

日生（会話） **063**

いつでもどこでもコミニュケーションカード

● 対　象	☐ 発達障害　☐ 知的障害（軽度）　☑ 知的障害（中度）　☑ 知的障害（重度）
● ねらい	・写真カードや絵カードを使って、相手とコミュニケーションができる。
● 使用方法	・自分の要求を伝えたいときに、相手に写真カードや絵カードを見る。
● 引き出す力	・コミニュケーション、状況の理解、伝達
● 効果・応用	・言葉が出ない場合でも、要求を伝えることができる。 ・衣服に付けることができるので、どこにでも持ち歩きできる。

材　料	カードリング 学校備品（ラミネート、クリップ、輪ゴム、厚紙、カメラ）
購入先 価　格	☑100円ショップ　☑家庭内　☐DIYショップ　☐専門店　☐その他（　　） 総額　100円　（カードリング100円）

材　料　　　**完　成**　　　**活　用**

●作り方の手順
1. 日常会話の言葉を写真カードや絵カードに作成する。
2. 写真カードや絵カードを補強するためラミネート加工し、穴あけパンチで穴をあけ、カードリングを付ける。
3. 輪ゴムを2本一組にして強度にし、写真カードや絵カードとクリップをつないで完成。

●工夫・留意点
・写真カードや絵カードの四隅の角を丸く切り落とすことで安全に使用できる。

日生（約束） **064**

約束カード、たくさんあるよ！

● 対　　象	☑発達障害　☑知的障害（軽度）　☐知的障害（中度）　☐知的障害（重度）
● ねらい	・約束したこと、やるべきことができる。
● 使用方法	・行動に移せなかったり、やろうとしなかったりしたときに、立てかけておいた約束カードや首に掛けていたミニ約束カードを提示して行動転換する。
● 引き出す力	・注意集中、切り替え、視覚認知、規範意識
● 効果・応用	・聴覚刺激よりも視覚刺激の優位な場合に効果的である。 ・約束カードに本人の写真を貼ったり、ミニ約束カードを作成して本人に渡すことで、自己意識が高まる。 ・能力に合わせて、文字や記号が入った約束カードを使用するとよい。

材　料	両面テープつき磁石　リング、ラミネート　ミニホワイトボード 学校備品（厚紙、カラーコピー機、穴あけパンチ、壁掛けフック）
購入先 価　格	☑100円ショップ　☐家庭内　☑DIYショップ　☐専門店　☐その他（　　） 総額　500円　（両面テープつき磁石100円、リング100円、ミニホワイトボード100円）

材　料

完　成

活　用
＜ミニ約束カード＞
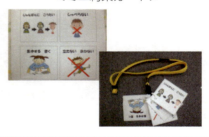

● 作り方の手順
1. Ａ４版の厚紙に指示内容を文字と絵で表し、カラー印刷する。
   （絵カードの場合には、イラスト集から用紙に貼り付けてカラー印刷する。）
2. 補強のためにラミネートをかけ、裏に磁石を貼り、それをミニホワイトボードに貼って完成。

3. ミニ約束カードの場合は、穴をあけ、リングに通して完成。

● 工夫・留意点
・指示内容は、できるだけ短い言葉で表記する。
・禁止の場合には、赤色で×を付けるようにすると分かりやすい。

生単（調理） **065**

マイ調理セットで自立するぞ！

●対　象	□発達障害　☑知的障害（軽度）　☑知的障害（中度）　□知的障害（重度）
●ねらい	・ご飯、味噌汁、おかずなど、自分で料理を作って食べることができる。
●使用方法	・自分専用の調理器具を準備し、自分で料理を作って食べることにより、将来の自立に向けた取り組みをしていく。 ・おかずは、何度か挑戦させて得意料理を見つけ出す。
●引き出す力	・調理、食生活、栄養バランス、片付け、買い物、自立
●効果・応用	・得意料理を家族に作って食べてもらうことにより、家庭の一員を担っていることの意識づけができる。 ・調理に関わって、お金の計算や買い物などの能力も同時に身に付く。

材　料	家庭内（包丁、まな板、3合焚き炊飯ジャー、ボウル、茶碗、お椀、箸、皿、お米1合、携帯用ガスコンロ） お味噌汁（味噌、豆腐、油揚げ、ネギ）
購入先 価　格	□100円ショップ　☑家庭内　□DIYショップ　□専門店　☑その他（スーパー） 総額　550円　（味噌300円、豆腐70円、油揚げ80円、ネギ100円） ＊3合焚き炊飯ジャー3,000円

材　料　　　　**完　成**　　　　**活　用**

●作り方の手順
1. 完成品の味噌汁を見る。そして飲む。
2. 味噌汁をボウルに入れて、汁と具を分ける。
3. 具を種類（豆腐、ネギ、油揚げ）ごとに皿に入れて分ける。
4. 具の形を見て、同じように切る。
5. だしの調味料（味噌、醤油、ソース）から味噌を選ぶ。
6 だし汁を飲んで味を確認して完成。

●工夫・留意点
・学校の調理室が使いづらかったり狭かったりする場合には、長テーブルを用意してその上で調理するとよい。

生単（調理） 066

カレーライスは一人で作れるよ

- ● 対　　象　　□ 発達障害　☑ 知的障害（軽度）　☑ 知的障害（中度）　□ 知的障害（重度）
- ● ねらい　　・手順表と説明ビデオを見ながらカレーライスを一人で作ることができる。
- ● 使用方法　・ビデオと手順表（PCスライド版）で作り方を確認し、調理中に分からなくなったときには、手順表（カード版）を見て調理工程を確認しながら一人で調理を行う。
- ● 引き出す能力　・調理、短期記憶、視覚認知、手指の巧緻性
- ● 効果・応用　・調理の手順について実際的なイメージを持ち、指導者の指示を受けなくても、手順を確認しながら調理に取り組むことができる。
  ・Ｔ－Ｔ方式での授業でも、統一した指導や支援ができる。
  ・説明ビデオや手順表を見ながら自宅でも復習（調理）することができる。

材　料	ＣＤ　材料（肉・野菜等） 学校備品（調理道具, 、用紙, ラミネート）
購入先 価　格	☑ 100円ショップ　□ 家庭内　□ DIYショップ　□ 専門店　☑ その他（スーパー） 総額　500円　（ＣＤ100円、肉、野菜等400円）

材　料

カレー材料

調理器具　ラミネートフィルム

完　成

説明ビデオ
15分50秒
MOV形式
ＣＤにて配布

カレーづくりのカード

PCスライド版
手順表
10ページ
PPT形式

手順表カード版
Ａ5版10ページ
カラー印刷
ラミネート加工

活　用

● 作り方の手順

1. 実際に生徒が調理する場所を設定。
2. 使用する道具・材料を用意し写真撮影。
3. 講師役の教師が実際に調理し、ビデオとデジカメで撮影。
4. PC上でビデオ編集ソフトとPowerPointを使用し、説明ビデオとPCスライド版手順表を作成。
5. PCスライド版手順表を印刷したものをラミネート加工し、カード版手順表を作成。

● 工夫・留意点

- ・ビデオ撮影では、手元を中心に撮影し、皮の捨て方や後片付けのことなども盛り込む。
- ・説明ビデオはパソコンで再生できる動画としてＣＤに焼き、学校や家庭のパソコンで好きなときにPCスライド版手順表とともに観ることができるようにするとよい。
- ・手順表を活用して一人で調理できるように、2人前の材料で調理することとし、コンロや調理道具も専用の物を用意する。また、調理に慣れ定着するように短期間で複数回の調理学習の指導計画を作成して実践するとより効果的である。

生単（行事） **067**

準備万端！修学旅行の事前学習

● 対　象	□ 発達障害　☑ 知的障害（軽度）　☑ 知的障害（中度）　□ 知的障害（重度）
● ねらい	・修学旅行の事前学習で目的地、日程、活動内容を理解することができる。
● 使用方法	・下見で撮影した写真や動画を組み込んだ説明スライド活用しながら、修学旅行の目的地、日程、活動内容などを理解し、見通しを持って準備や自主研修の計画作成を進める。
● 引き出す力	・プランニング、短期記憶、視覚認知、時間管理、コミュニケーション
● 効果・応用	・修学旅行中もしおりを手掛かりに自主的に行動することができる。 ・自主研修計画作成シートや食事メニュー希望表などを利用することで、自主的に活動内容やメニューを決めることができる。

材　料	ラベル用粘着紙　インクジェット用プリンタ用紙 学校備品（プリンタ、インク、下見で撮影した写真・ビデオ） 旅行会社（パンフレット、旅行ガイド本）
購入先	☑ 100円ショップ　□ 家庭内　□ DIYショップ　☑ 専門店　☑ その他（旅行業者）
価　格	総額　1,000円　（ラベル用粘着紙500円、インクジェット用プリンタ用紙500円）

材　料

下見写真・ビデオ

ガイド本・パンフレット

プリンタ用紙

ラベル用紙粘着紙

完　成

PC 説明スライド①
生徒日程説明用
68 ページ，PPT 形式

スライド①をもとに保護者説明用も作成し、事前学習内容に合わせ「しおり」も作成した。

活　用

しおり
A5 版 22 ページ
カラー印刷

事前学習では、クイズなどを行いながら学習を進めた。

● 作り方の手順
1. 下見では実際に活動する場所で、活動内容を想定して写真・動画を撮影。
2. 業者提供のパンフレット、市販のガイド本、インターネット情報などから、素材になる写真を集め、スキャナ等で電子データ化する。
3. パソコン上で、スライドやしおり、自主研修計画作成シートなどに加工する。
4. 自主研修計画作成シート用に、アトラクション、飲食物などのシールを作成する。

● 工夫・留意点
・説明に必要な情報はスライドの中にすべて盛り込むようにし、しおり等はできるだけスライドで使用した写真を使って作成できるようにした。
・楽しく学習を進めるために活動内容に合わせた関連グッズなどを用意すると期待感が高まる。

自主研修計画作成シート
A5 版 2ページ　カラー印刷
選択した活動のシールを貼り付け、アトラクション名等を書き入れ、しおりに差し込み使用した。

生単（行事） **068**

お祝いグッズ、音が鳴らないクラッカー

●対　象	☑発達障害　☑知的障害（軽度）　☑知的障害（中度）　☑知的障害（重度）
●ねらい	・安心してクラッカーを使用することができる。
●使用方法	・誕生会のときなどのお祝い場面で、音の鳴らないクラッカーを使う。
●引き出す力	・協調運動、手指の巧緻性、握力、呼吸、安全
●効果・応用	・感覚過敏がある場合に効果的である。 ・行事単元での「お祝いグッズ制作」としての活動、また、活動のスタートコール、誕生会、その他のお祝い会など、多方面での活用が可能である。 ・お祝い場面だけでなく、プレゼントとして人にあげても喜ばれる。

材　料	ビニール袋、モール 家庭内（ロールクリーナーの芯）　学校備品（ハサミ・ビニルテープ・A4版用紙）
購入先 価　格	☑100円ショップ　□家庭内　□DIYショップ　□専門店　□その他（文房具店） 総額　200円　（ビニール袋100円、モール100円）

材　料	完　成	活　用

●作り方の手順
1. ロールクリーナーの芯の方側にビニール袋をしっかりと巻き付け固定する。
2. その上からあらかじめ、絵や色を付けたA4用紙を巻き付け、芯の両端をビニールテープ（セロテープ・色つきガムテープなど）で固定する。
3. モールを5cm程度の長さに切り、幾つかひとまとめにして、ビニール袋とは反対側の筒の中に入れる。（このとき、モールを強く丸めないこと）
4. モールが入っている側の筒から息を吹き込んで完成。（パンパンに膨らませる）

●工夫・留意点
・袋をしっかりと巻き付け、空気が漏れないようにする。
・芯を覆うA4判用紙は、事前に絵を描く、紙を貼るなどして準備しておくと「物を作る」活動や教材の「個別化」につながる。
・袋を勢いよく押すとモールがクラッカーテープのように飛び出る。
・モールは色や形を混ぜて使用するときれいになる。

生単（人権） **069**

選挙の仕組みを知ろう

●対　象	☐発達障害　☑知的障害（軽度）　☑知的障害（中度）　☐知的障害（重度）
●ねらい	・18歳以上に与えられる選挙権について関心を持ち、仕組みについて理解できる。
●使用方法	・選挙の仕組み、投票の行動などの具体的なイメージをつかみ、スライドを使用して分かりやすく説明する。
●引き出す力	・選挙の仕組み、投票行動、政治への関心、人権
●効果・応用	・将来、選挙権が与えられたときに、投票の方法を理解して投票することができるようになる。 ・選挙のイメージをつかんだ後に模擬の選挙を行うことで理解が深まっていく。

材　料	学校備品（パソコン、パワーポイントのソフト、プロジェクター、スクリーン）
購入先 価　格	☐100円ショップ　☐家庭内　☐DIYショップ　☐専門店　☐その他（　　　） 総額　0円

材　料　　　　　　　　　**完　成**　　　　　　　　　**活　用**

●作り方の手順
1. パワーポイントのソフトを呼び出す。
2. パワーポイントで以下の4つの視点でスライドを作成する。（※次頁のスライド教材を参照）
   ○スライド1　（選挙と学校生活場面との関連）
   ・選挙は、日常の学校生活場面でも行われている例を示すことで、選挙を身近なものとして捉える。
   ○スライド2　（選挙の内容）
   ・選挙は、議会での討論・採決によって、身近な生活に関することが決まることを視覚的に理解する。
   ○スライド3　（選挙の年齢と時期）
   ・選挙は、いつのどの国政選挙から選挙権を得るか具体的に示すことで、選挙年齢を得る時期が間近に迫っていることを実感する。
   ○スライド4　（選挙関連の用語）
   ・選挙では、立候補や選挙運動等の用語について、なじみのある言葉に置き換えることで理解する。
3. スライド作成が終了したら、プロジェクターで写してみて、文字の大きさ、色の配置、見やすさ、分かりやすさ等を検討し、修正して完成。

●工夫・留意点
・スライド1では、生徒会役員の顔写真を使用するが、事前に写真を使うことについて保護者の同意を得ておく。
・スライド2では、国会や議会等で、消費税率アップ、自転車に関する道路交通法改正、ドローンに関する規制など、生活に関わりが深い事柄が変わることを印象づける。
・スライド4では、選挙運動において、公約の意味についても指導を行う。

＜選挙の教材＞

＜スライド１＞
選挙を身近なものとして感じる

＜スライド２＞
選挙と身近な生活との関連を示す

＜スライド３＞　選挙年齢に達することを身近に感じる

＜投票ができる人＞		
選挙の種類	投票日	3年生
参議院議員	28年7月○日	全員
島原市長	28年12月○日	A, B
雲仙市長	29年1月○日	C, D
諫早市長	29年4月○日	E, F
諫早市議会議員	29年4月○日	G, H, I
雲仙市議会議員	29年11月○日	J, K, L

＜投票ができる人＞		
選挙の種類	投票日	2年生
参議院議員	28年7月○日	A, B, C, D, E, F, G, H, I
雲仙市長	29年1月○日	J
諫早市長	29年4月○日	K, L
諫早市議会議員	29年4月○日	M, N, O
雲仙市議会議員	29年11月○日	P
大村市長	30年10月○日	Q, R, S

＜スライド４＞　用語を分かりやすく伝える
　　　　　（１）　立候補について　　　　　　　　　（２）　選挙運動について

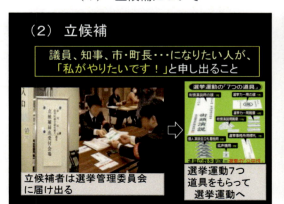

生単（販売） **070**

プランター植え付けの補助具

● 対　象	□発達障害　☑知的障害（軽度）　☑知的障害（中度）　□知的障害（重度）
● ねらい	・プランターに種やポット苗の植え付けをすることができる。
● 使用方法	・量をはかることができない場合に、バケツの大きさを変えることで、均一の量の園芸用土や鉢底石を量った短時間で作業をする。
● 引き出す力	・粗大運動、目と手の協応動作、空間認知、量概念
● 効果・応用	・バケツや園芸用土、鉢底石の準備する数量を調整することで、活動時間や活動する人数に応じることができる。 ・バケツの代わりに大小のペットボトルの上部を切り落とした物に代用すると植木鉢への植え付けに応用できる。

材　料	園芸用土　鉢底石　透明ＯＰＰテープ 学校備品（ブルーシート、バケツ、プランター、マジック
購入先 価　格	☑100円ショップ　□家庭内　☑DIYショップ　□専門店　☑その他（無償提供） 総額　1,300円　（園芸用土700円、鉢底石500円、透明ＯＰＰテープ100円）

材料　　　　　完成　　　　　活用

●作り方の手順
1. 大小のバケツの内側（線を書き入れるあたり）に、透明ＯＰＰテープを貼る。
2. プランターの大きさに合わせて園芸用土と鉢底石が丁度よい量になるように、大小のバケツの透明ＯＰＰテープを貼った上から、それぞれ目安となる線を書き入れる。

① バケツの内側に透明ＯＰＰテープを貼る
② 使い方

●工夫・留意点
・鉢底石を再利用しやすくする際は、ネットの袋に入れてからプランターに入れるとよい。

生単（販売） 071

包装袋のラベル貼り補助具

● 対　　象	□ 発達障害　☑ 知的障害（軽度）　☑ 知的障害（中度）　☑ 知的障害（重度）
● ねらい	・包装袋に商品ラベルを一定の場所にきれいに手早く貼り付けることができる。
● 使用方法	・商品ラベルを丁寧に貼れない場合に、カラークリアフォルダを使って一定の場所に合わせながらきれいに貼っていく。
● 引き出す力	・手指の巧緻性、目と手の協応動作、空間認知
● 効果・応用	・カラークリアフォルダで作成したガイドに透明ＯＰＰ袋を挟むことで、袋が動くことを防ぎ、ガイドに開けた穴を目印にシールを貼ることで、貼る位置がずれることを防ぐことができる。 ・カラークリアフォルダは半透明であるので、背面に貼った位置合わせ用のシールを見ながら作業することができる。 ・カラークリアフォルダは加工が容易で、安価であるので、袋やシールの大きさに応じた様々なガイドを用意することができ、他の活動でも応用できる。

材　料	カラークリアフォルダ　透明ＯＰＰ袋　ラベルシール 学校備品（定規、カッター、カッター板）
購入先 価　格	☑ 100円ショップ　□ 家庭内　□ DIYショップ　□ 専門店　□ その他（　　） 総額　300円　（カラークリアフォルダ100円、透明ＯＰＰ袋100円、ラベルシール100円）

材　料

カラークリアフォルダ

透明ＯＰＰ袋

ラベルシール

完　成

活　用

●作り方の手順

1. クリアフォルダを前面は透明袋よりも少し小さく、背面は大きくなるように切り落とす。
2. クリアフォルダの前面のシール貼り付け位置を、シールよりも少し大きく切り抜く。
3. クリアフォルダの背面に位置合わせ用のシールを貼り付け、透明ＯＰＰテープで保護する。

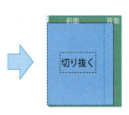

●工夫・留意点
・透明袋の裏面用も同様に作成し、ラベル貼りをするときには流れ作業にするとよい。
・クリアフォルダの色は、作業内容や本人の見やすさに応じて選択するとよい。

生単（制作）072

風船の灯り（張り子）の補助具

● 対　象	□発達障害　☑知的障害（軽度）　☑知的障害（中度）　□知的障害（重度）
● ねらい	・球体の張り子を制作することができる。
● 使用方法	・球体の張り子の制作が困難な場合に、型を固定し、上下を変えたり、回転させたりしながら作業をする。
● 引き出す力	・手指の巧緻性、目と手の協応動作、空間認知
● 効果・応用	・風船の灯りの本体となる球体の張り子を制作する際に使用する。 ・張り子の型はビニールボールを使用し、全体の張り子作業が終了後、空気を抜くことで型になったビニールボールを取り出すことができる。 ・型を支える植木鉢スタンドは、上下に大小のリングが付いている構造のため、スタンドの上下を反転させることで、張り子をする場所に応じて高さ調節ができる。

材　料	ビニールボール（パールエアーボール）　空気入れ　鉢スタンド 学校備品（手ろくろ）
購入先 価　格	☑100円ショップ　□家庭内　□DIYショップ　□専門店　□その他（　　） 総額　300円　（ビニールボール100円、空気入れ100円、鉢スタンド100円）

材　料

鉢スタンド

空気入れ　手ろくろ

完　成

活　用

● 作り方の手順

1. ビニールボールを作りたい張り子の大きさまで、空気入れで膨らます。

2. 手ろくろの上に鉢スタンドを置き、ビニールボールをセットする。

使用例

● 工夫・留意点
・張り子の作業をしている間に、鉢スタンド、手ろくろに水溶きボンドが付着してくるので、定期的に洗ったり水拭きをしたりする。
・ビニールボールから水溶きボンドが垂れてくるので、鉢底皿を手ろくろの上に置くとよい。

生単（制作）**073**

花壇の柵を作ろう①（切断）の補助具

●対　象	☐発達障害　☑知的障害（軽度）　☑知的障害（中度）　☐知的障害（重度）
●ねらい	・のこぎりを使って木材を垂直に一定の長さで切断することができる。
●使用方法	・木材を切断できない場合に、補助具を使って垂直に、そして一定の長さで切断する。
●引き出す力	・手指の巧緻性、目と手の協応動作、空間認知、のこぎりの理解
●効果・応用	・花壇の柵の本体となる板を、同じ長さで切ることができる。 ・市販のガイドだけでは切断面が曲がってしまう児童でも、垂直に切ることができ、「できた」という成就感を持つことができる。

材　料	杉板　木ねじ 学校備品（のこぎり、のこぎりガイド、木製棚）
購入先 価　格	☑100円ショップ　☐家庭内　☑DIYショップ　☐専門店　☐その他（　　） 総額　1,400円　（杉材300円、木ねじ100円）

材料

のこぎりガイド

木ねじ

杉板

完成

活用

●作り方の手順

1. 廃棄扱いの木製棚の右側にのこぎりガイドを取り付け、ガイドの上部に木片を2個取り付ける。また、ガイドの右横にП型の板支えを取り付ける。

2. 左側に切断する長さに合わせてコの字型の受け口を作る。切断位置から受け口の端まで丁度切断する板の長さになるようにする。

3. 杉板をL字型になるように貼り合わせたものを作り、板を押さえながらのこぎりの動きをガイドするものとして一緒に使う。

●工夫・留意点
・使用する際には、木製棚の右隣に机などを置いて、切断したときに押さえていない方の杉板が跳ね上がらないようにする。

生単（制作）**074**

花壇の柵を作ろう②（組立）の補助具

● 対象	□ 発達障害　☑ 知的障害（軽度）　☑ 知的障害（中度）　☑ 知的障害（重度）
● ねらい	・切断、塗装された材料を、同じ形に組み立てることができる。
● 使用方法	・木工作業に取り組んだことのない場合に、型枠と型枠に記された線に合わせることで、上下や数を間違えることなく組み立てていく。
● 引き出す力	・手指の巧緻性、目と手の協応動作、空間認知
● 効果・応用	・切断、塗装された材料を、型枠にはめ込みねじ留めすることで、花壇の柵として組み立てる。

材料	杉板　コンパネ板　木ねじ 学校備品（電動ドリル）
購入先 価格	☑ 100円ショップ　□ 家庭内　☑ DIYショップ　□ 専門店　□ その他（　　） 総額　1,400円　（杉材300円、コンパネ板1000円、木ねじ100円）

材料

コンパネ板

木ねじ

杉板

完成

活用

●作り方の手順

1. コンパネ板を半分に切り、その上に完成した花壇の柵を置き、コンパネに輪郭を書き入れる。

2. 花壇の柵の輪郭に合わせて、ガイドとなる切断した杉板を木ねじで留める。横板をガイドする杉板は2段にする。

●工夫・留意点

・ガイドの杉板をねじ留めするときには、杉板が曲がっている場合があるので遊びを持たせる。
・ねじ止めを担当する本人の身長に合わせて、台になる机を替えて高さを調整する。

生単（制作） **075**

ボタンアートの補助具

●対　象	□発達障害 ☑知的障害（軽度） ☑知的障害（中度） ☑知的障害（重度）
●ねらい	・布からボタンを取り外すことができる。
●使用方法	・ウェス用の生地を取り除いた後のボタン付きの布からボタンを切り取る際に、切り取ったボタンと布を効率的に始末する。
●引き出す力	・手指の巧緻性、目と手の協応動作、分別、作業効率
●効果・応用	・市販のカゴや容器と針金ハンガーなどで作った補助具を組み合わせることで、作業効率が向上する。 ・道具の準備が分かりやすくなり、後片付けも簡単なので、一連の活動を一人で行うことができ、準備や片付けへの意識を高めることができる。

材　料	カゴ　ステップル　洗濯バサミ 学校備品〈給食用トレー（廃棄物）、針金ハンガー、工作板、買い物袋、金づち〉
購入先 価　格	☑100円ショップ　□家庭内　□DIYショップ　□専門店　□その他（　　） 総額　300円　（カゴ100円、ステップル100円、洗濯バサミ100円）

材　料

ステップル　針金ハンガー

かご

完　成

活　用

●作り方の手順

1. 針金ハンガーのフック状の部分を切り落とし、図の形にする。

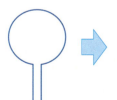

2. 工作板に給食トレー（おぼん）とカゴの枠線と道具名を書き入れる。

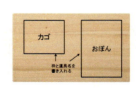

3. 1で作った物を、ステップルで工作板に固定する。

●工夫・留意点
・買い物袋の取り付けは、教師が行ってもよい。
・工作板の上に枠線を書いた紙をのせて使うことで、紙ゴミなどがたくさん出る活動でも利用することができる。

生単（制作） **076**

簡単折り紙ひっつきシート

●対　象	□発達障害　☑知的障害（軽度）　☑知的障害（中度）　□知的障害（重度）
●ねらい	・折り紙の角や端をしっかり合わせて折ることができる。
●使用方法	・折り紙を折ってズレたり合わなかった場合に、ひっつきシートを活用してきちんと折る。
●引き出す力	・図形の理解、空間認知、目と手の協応動作
●効果・応用	・折り紙を使った制作活動の際、角や端を合わせることできれいに仕上げることができる。 ・ひっつきシートがあることで、折り紙がずれにくく、両手で折り目を付けることができる。 ・90度角と45度角を準備すると、三角形の二つ折りもできる。

材　料	ひっつきシート 学校備品（段ボール紙Ａ４程度）
購入先 価　格	□100円ショップ　□家庭内　□DIYショップ　□専門店　☑その他（文房具店） 総額　300円　（ひっつきシート300円）

材　料	完　成	活　用

●作り方の手順
1. 段ボールの縦と横から1cmの幅の部品を切り取る。
2. 部品をマジックで染める。
3. 切り取った部品を角に合わせて貼る。
4. ひっつきシートを貼って完成。

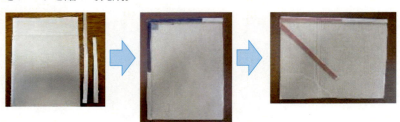

●工夫・留意点
・折り紙の折り合わせるところに同じ印を事前に付けておくと、より一人で取り組みやすい。

作業（木工） 077

釘ピンセット

●対　象	☐ 発達障害　☑ 知的障害（軽度）　☑ 知的障害（中度）　☐ 知的障害（重度）
●ねらい	・釘を真っ直ぐ打つことができる。
●使用方法	・げんのうを垂直に当てられず釘を曲げてしまう場合に、釘を逆作用ピンセットで挟むように固定して、げんのうで打つ。
●引き出す力	・釘打ち、目と手の協応動作、手指の巧緻性、空間認知
●効果・応用	・逆の手で持つげんのうの力加減に集中ができにくい場合でも、打ち始めの釘の向きが安定し、まっすぐに打てるようになる。 ・指で持ちにくい短い釘、指が入らない狭い場所に釘を打つときにも使える。

材　料	逆作用ピンセット　金属用やすり 学校備品（テープ、釘）
購入先 価　格	☑ 100円ショップ　☐ 家庭内　☑ DIYショップ　☐ 専門店　☐ その他（　　） 総額　200円　（逆作用ピンセット100円、金属用やすり100円）

材　料	完　成	活　用

●作り方の手順
1. 逆作用ピンセットをテープで巻き付け、開いた状態で固定する。
2. 釘をしっかりとつかむために、交わる部分を金属用やすりで削り、テープを外して完成。

●工夫・留意点
・削りにくいときには、万力で固定して金属用やすりの両端を両手で持って削る。また、金のこを使ってもよい。削り過ぎると折れやすくなるので注意が必要である。
・打つときにピンセットまで打つと劣化するので、その前にピンセットを外す。

作業(紙工) **078**

らくらく型抜きくん

● 対　象	☐ 発達障害　☐ 知的障害(軽度)　☑ 知的障害(中度)　☑ 知的障害(重度)
● ねらい	・クラフトパンチを小さな力で押して型抜きができる。
● 使用方法	・指先の力でクラフトパンチを押すことが難しい場合に、腕の力だけで簡単に押して型抜きをする。
● 引き出す力	・押す、手指の巧緻性、目と手の協応動作、空間認知
● 効果・応用	・握力が弱く、指先機能が十分でないために活動が制限されている場合に効果的である。

材　料	SPF材等の木材　ベニヤ板等の合板　蝶番　ビス　学校備品(クラフトパンチ、両面テープ)
購入先価　格	☐ 100円ショップ　☐ 家庭内　☑ DIYショップ　☐ 専門店　☐ その他(　　) 総額　1,200円　(2×2材1820mm 400円、9mmベニヤ300mm×300mm 400円、蝶番38mm 200円、ビス200円)

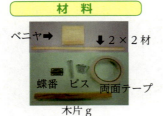

材料

完成

活用

● 作り方の手順

1. 2×2材から23cmを2本(a、b)、30cmを2本(c、d)切り出す。
2. 残りの2×2材の端を45°に斜めに切断し、8cm程度長さに切断してパンチを押す木片(e)を作る。もう一方はレバーになるので、よく紙やすりをかけ、面取りもする(f)。
3. カットベニヤに材a、bをビスで固定し、台を作る。
4. fに蝶番をビスで固定し、台にもビスで固定する。動くことを確認しながら作業する。力がかかる部分なので、付属の物より大きいビスを使用する。
5. パンチの位置を固定する木片gとパンチを押す木片eは、両面テープで仮留めして動きを確認しながら位置を決め、ビスで固定する。
6. 横方向への動きを制御する材c、dを適度の余裕を持たせてビスで固定する。

● 工夫・留意点

・クラフトパンチを使って動作を確認しながら作る。
・材料の仮留めには両面テープが有効である。

作業（陶芸） **079**

オリジナル石膏型と作業マニュアル

● 対　　象	□発達障害　☑知的障害（軽度）　☑知的障害（中度）　□知的障害（重度）
● ねらい	・作業マニュアルを見ながら必要な道具を準備し、一人で作業を進めることができる。
● 使用方法	・作り方が分からなくなった場合に、作業マニュアルを見ながら一人で作業工程を確認する。
● 引き出す力	・視覚認知、空間認知、手指の巧緻性、見通す、作業手順
● 効果・応用	・作業に取り組むにあたり、指導者の指示を受けなくても自ら準備をして作業に取り組むことができる。 ・決められた規格（大きさ、形）の製品を容易に量産することができる。 ・作業マニュアルを見ながら製品の出来具合を確認することができる。

材　料	プラスチック製の容器（型取りの原型）　石膏　型取り用の油粘土　布 学校備品（作業マニュアル用の用紙、ラミネート、プラ板）
購入先 価　格	☑100円ショップ　□家庭内　☑DIYショップ　□専門店　□その他（　　） 総額　500円　（プラスチック製の容器100円、石膏200円、油粘土100円、布100円）

材　料

道具

たんぽ

プラ素材の皿

一般の焼き石膏

油粘土

使用する道具をすべて写真に撮っておき、後に作業マニュアルを作成する際に使用する。

完　成

完成した石膏の型
「プレート皿」の完成

作業マニュアル
視覚的に理解しやすいよう工夫する。
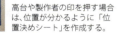
高台や製作者の印を押す場合は、位置が分かるように「位置決めシート」を作成する。

活　用

実際の作業の様子。十分な作業スペースを確保する必要がある。

● 作り方の手順

1　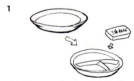
100円ショップで売っているプラ素材の皿などに、必要に応じて油粘土で細工をする。

2　
石膏と水をほぼ1対1の比率で混ぜ合わせる。少し石膏を多めにするのがコツ。

3　
プラ素材の皿には水で溶いた石鹸を塗っておき、その上に固まり始めた石膏を流し込む。

4　
石膏が熱を出して固まり始める。完全に固まる前にプラ皿を取り外すのがコツ。一日置いてしまうと外れなくなる。

● 工夫・留意点
・陶芸の粘土は本焼きを終えると2割以上収縮するため、プラ素材の皿は完成のイメージより2割ほど大きいものを選ぶ。また、石膏が外れるように口が開いたものを使用する。
・使用した道具をすべて写真に撮り、作業マニュアルを作成する。
・製品の裏側に高台や印を押す場合は、位置決めシートを作成する。

作業（陶芸） 080

簡単！泥しょうリサイクル

● 対　象	☐ 発達障害　☑ 知的障害（軽度）　☑ 知的障害（中度）　☐ 知的障害（重度）
● ねらい	・陶芸製品作りの過程で、素焼き前に壊れてしまった乾燥した泥しょうの破片を叩いて砕き、小さく粉状にすることで、その後少量の水を加えるだけで短時間で元の泥しょうに戻り、再利用することができる。
● 使用方法	・素焼き前で製品にならない乾燥した泥しょうをジッパー付きビニールケースに入れて、木槌で叩いて、小さく砕く。最後に少量の水を加えて、再利用できる泥しょうにする。
● 引き出す力	・叩く、見通し、自己判断、潰す
● 効果・応用	・最後にザルの目を通すことで、どの位まで叩いて小さく砕けばいいのか分かり、見通しを持って作業に取り組むことができる。

材　料	ジッパー付きビニールケース　木槌　ザル　バケツ
購入先 価　格	☑ 100円ショップ　☐ 家庭内　☑ DIYショップ　☐ 専門店　☐ その他（文房具店） 総額　1,300円　（ジッパー付ビニールケース100円、木槌500円、バケツ300円、ザル400円）

材　料

完　成

乾燥した泥しょうを入れる。

木槌で上から叩く。

活　用

ザルに残ったものは、再度たたく。ザルの目を通りバケツに入ったものには、少量の水を加え泥しょうに戻す。

●作り方の手順
1. 製品作りの過程で製品にすることができない素焼き前の乾燥した泥しょうを、ジッパー付きビニールケースに入れる。
2. ジッパー付きビニールケースのジッパーを閉めて、上から木槌で小さくなるまで叩く。
3. バケツの上にザルをセットする。
4. ジッパーを開けて、ザルの上に小さくした破片を入れる。
5. ザルの目を通らなかったものは、再度ジッパー付ビニールケースに入れて、小さくなるまで叩く。そして、再度ザルの目を通す。
6. ザルの目を通った乾燥した泥しょうに少量の水を加えて、再度泥しょうに戻す。

●工夫・留意点
・ジッパー付きビニールケースを使うことで、木槌で叩いても破片の粉が飛び散ることなく安全に乾燥した泥しょうを叩いて小さく砕くことができる。
・ザルの目を通すことで、どの程度の大きさの破片がよいのか、また再度叩かないといけないのかを自己判断でき、見通しを持って活動に取り組むことができる。

作業（縫製） **081**

エコバック製作ジグ

● 対　象	□ 発達障害　☑ 知的障害（軽度）　☑ 知的障害（中度）　□ 知的障害（重度）
● ねらい	・手順写真と補助具を使って、一人でエコバッグを製作することができる。
● 使用方法	・製作する手順を写真を見ながら作業して完成する。
● 引き出す力	・空間認知、目と手の協応動作、作業手順、見通す、切り貼り
● 効果・応用	・廃品を使用するので、材料費代が安くあがり、リサイクルにもなる。 ・機器を使用しないので、製作工程をマスターすれば、生徒が手本の写真と補助具を使って一人で製作に取り組むことができる。 ・シールやテープ、絵やスタンプでアレンジするとおしゃれになる。

材　料	印刷用紙の包装紙　紙ひも　（シール：飾りとして使用するとき）
購入先 価　格	☑100円ショップ　☑家庭内　□DIYショップ　□専門店　☑その他（文房具店） 総額　100円　（紙ひも100円）

材　料

完　成

活　用

● 作り方の手順
1. 補助具に合わせて、包装紙の両端を4cm 切り落とす。バックの持ち手の帯に使用する。
2. 紙ひもを補助具に合わせて33cm に2 本切り取る。
3. 1 で作った帯と紙ひもを補助具に合わせて貼り合わせ、持ち手を作る。
4. 包装紙の上部（持ち手部分）を、補助具を使って4cm の折り目を付け、中に折り込む。
5. 底の部分を10cm の補助具で折り目を付けて開き、折り返しの補助具を使って折り込む。
6. のりづけ用補助具を使って貼り合わせ、底部を作る。
7. 持ち手の部分を貼り合わせる補助具を使って、持ち手を合わせて完成。

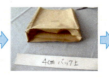

● 工夫・留意点
・包装紙が筒状になるように、しっかり貼り合わせる。
・手順用の写真は20 枚になる。

作業（縫製） **082**

きれいに縫えるくん

● 対　象	□ 発達障害　☑ 知的障害（軽度）　☑ 知的障害（中度）　□ 知的障害（重度）
● ねらい	・曲線をきれいに縫うことができる。
● 使用方法	・ミシン掛けで、局線が上手に縫えない場合に、補助具として使用する。
● 引き出す力	・手指の巧緻性、空間認知、ミシンの操作
● 効果・応用	・磁石を切らずに使用すれば、直線縫いをきれいに縫うことができる。 ・磁石に合わせるように布を動かすことで、きれいに曲線や直線を縫うことができる。

材　料	磁石 学校備品（ハサミ、布、ミシン）
購入先 価　格	☑ 100円ショップ　□ 家庭内　□ DIYショップ　□ 専門店　□ その他（　　） 総額　100円　（磁石100円）

材　料　　　　　**完　成**　　　　　**活　用**

● 作り方の手順
1. 縫いたい布の半円に合わせて、磁石をハサミで切る。
2. 布をミシンにセットし、布の円周に合わせながら、ミシンの磁石部分にずれないように磁石をセットする。

● 工夫・留意点
・布の縫い代は、1.5cm 取る。

作業（園芸） **083**

種植えキット

● 対　象	□ 発達障害　☑ 知的障害(軽度)　☑ 知的障害(中度)　□ 知的障害(重度)
● ねらい	・食物の種をポットに均一になるように植えることができる。
● 使用方法	・種をバラバラに蒔いたり土の量が多少の場合に、キットを活用して均一に土を入れ、種を蒔くようにする。
● 引き出す力	・空間認知、手指の巧緻性、目分量、視覚認知
● 効果・応用	・種を植えた後の完成形が分かる。 ・種植えのポットだけでなく、畑でもキットが活用できる。

材　料	園芸用ポット　油性ペン(白色) 家庭内(キャップ付きペットボトル)
購入先 価　格	☑100円ショップ　☑家庭内　☑DIYショップ　□専門店　□その他(　　) 総額　200円　（園芸用ポット100円、油性ペン100円）

材料

完成

活用

● 作り方の手順
1. 園芸用ポットの縁（内側）付近に油性ペンで円形に線を引く。
2. ポットに線の所まで土を入れる。
3. ペットボトルに水を入れてふたをきつく閉め、ポットの土に差し込む。
4. ペットボトルを土から抜いて完成。

● 工夫・留意点
・油性ペンでポットにくっきり印を付けるようにする。
・ペットボトルは持ちやすい大きさのものを用意する。

作業（清掃） **084**

車内マットの清掃手順

● 対　象	☐ 発達障害　☑ 知的障害（軽度）　☑ 知的障害（中度）　☐ 知的障害（重度）
● ねらい	・自動車のマットをきれいに掃除することができる。
● 使用方法	・自動車の洗車において、分担された作業内容を理解する。 ・仕事の途中で教師に報告・確認する場面を設けることで、コミュニケーション能力を身に付けていく。
● 引き出す力	・作業工程の理解、自分の役割、コミュニケーション
● 効果・応用	・車内マットを外しているときに、本人の能力に合わせて車内清掃も手順を決めて取り組ませることができる。 ・マットを叩く時間をキッチンタイマーなどで示すと理解しやすい。

材　料	コンテナ1個　布団叩き1本　竿用洗濯バサミ（2〜3個）　バインダー1枚 学校備品（作業手順表）
購入先 価　格	☑100円ショップ　☐家庭内　☑DIYショップ　☐専門店　☐その他（　　） 総額　900円　（コンテナ600円、布団叩き100円、洗濯バサミ100円、バインダー100円）

材　料　　**完　成**　　**活　用**

● 作り方の手順
1. 手順表に、車種、担当者氏名、マットの枚数を記入する。
2. フェンスにマットを洗濯バサミで固定する。
3. 布団たたきでマットを叩いて、泥やほこりなどを落とす。

● 工夫・留意点
・1つのコンテナに、車1台分のマットを入れ、他の車のマットが混在しないように担当者を固定するとよい。

作業（清掃） **085**

ピカピカ洗車手順

●対　象	□発達障害　☑知的障害（軽度）　□知的障害（中度）　□知的障害（重度）	
●ねらい	・車を傷つけないように丁寧に洗車作業をすることができる。	
●使用方法	・上部から順番に洗うという水の流れや作業の効率性を学ぶ。 ・洗う面の順番を見ながら、見通しをもって作業する。	
●引き出す力	・作業工程の理解、自分の役割、計画立案、判断	
●効果・応用	・高圧洗浄機を使った車の下回りの洗浄についても応用することができる。 ・職員の自動車を何台か清掃してきれいさを比較すると、作業の理解度が深まる。	

材　料	スポンジ、洗車用シャンプー 学校備品（作業工程図）
購入先 価　格	☑100円ショップ　□家庭内　☑DIYショップ　□専門店　□その他（　　） 総額　800円　（スポンジ100円、洗車用シャンプー700円）

材料　　　　完成　　　　活用

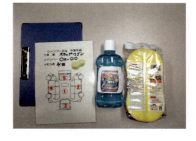  

●作り方の手順
1. 「シャンプー担当作業手順」に車種、車のナンバーを記入する。
2. スポンジにシャンプーをふくませ、バケツの水で十分泡を立てる。
3. 高圧洗浄機での下回り洗浄の手順にも応用できる。

●工夫・留意点
・寒いときや手が荒れる場合には、ゴム手袋を使用する。
・スポンジで強く擦らないように気をつける。
・洗車作業自体が商品であることを意識し、安全と丁寧さをモットーにする。

作業（接客） **086**

サービス向上！接客マニュアル

●対　象	☐発達障害　☑知的障害（軽度）　☐知的障害（中度）　☐知的障害（重度）
●ねらい	・お客様をスムーズにテーブルに案内することができる。 ・接客マニュアルに沿って、笑顔でお客様から注文を取ることができる。
●使用方法	・基本の接客マニュアルで発声練習し、言い回しを覚えてから実践に移る。 ・校内の職員や保護者などにお客さんになっていただき、場数を踏んで堂々と接客していく。
●引き出す力	・コミュニケーション、対人関係能力、ワーキングメモリー、記憶
●効果・応用	・決められた言い方がスムーズに言葉に出せない場合には、練習用バインダーに文章を貼っておき、読みながら実践すると効果的である。

材　料	ホワイトボード　マグネット　バインダー　会計票
購入先 価　格	☑100円ショップ　☐家庭内　☐DIYショップ　☐専門店　☐その他（　　） 総額　500円（ホワイトボード200円、マグネット100円、バインダー100円、会計票100円）

材　料　　**完　成**　　**活　用**　

●作り方の手順
1. テーブルナンバーを付した店内略図を作り、お客様を案内するときにマグネットを貼るという手順を理解する。
2. ラベルプリンターで主要な接客用語を印刷し、練習用のバインダーに貼る。
3. 注文を聞いたら、すぐに品名と個数を書くということを繰り返し練習する。

●工夫・留意点
・マニュアルに則った接客方法を、教師や地元の喫茶店で働いている方などの見本を見ることで本人の意識が高まる。
・本人が接客している場面を動画に撮り、自己を客観的に評価させる方法も有効である。

作業（木工） **087**

プランターカバーを作ろう（切断）の補助具

- ●対　象　　□発達障害　☑知的障害（軽度）　☑知的障害（中度）　□知的障害（重度）
- ●ねらい　　・電動ジグソーを使って木材を一定の長さに切断することができる。
- ●使用方法　・木材を一定の長さに切ることが難しい場合に、電動ジグソーの使い方を覚えて一人で安全に切断する。
- ●引き出す力　・手指の巧緻性、目と手の協応動作、空間認知、電動ジグソーの理解
- ●効果・応用　・プランターカバーの本体となる板を同じ長さで大量に切ることができる。
  - ・長さの違う板に切りたいときでも、スペーサーを組み合わせることで、長さを測らなくても同じ長さに切ることができる。
  - ・簡単な操作と手順で行うことができるので、事故や失敗が起こりにくい。

材料	2×4材　木ねじ　L字アングル　節電タップ　針金　MDF材 学校備品（電動ジグソー、延長コード、C型クランプ、木製工作板、ガムテープ）
購入先 価格	☑100円ショップ　□家庭内　☑DIYショップ　□専門店　□その他（　　） 総額　1,300円　（2×4材300円、木ねじ100円、L字アングル600円、節電タップ100円、針金100円、MDF材100円）

材料

2×4材

木ねじ

L字アングル

節電タップ

完成

活用

針金　　ガムテープ

MDF材

●作り方の手順

1. 工作板を横1列に5枚ガムテープでつなぎ合わせ、中央の板に3cm×20cm程度の穴をあける。
2. 切断する2×4材を、つなぎ合わせた工作板の上に横向きに置き、コの字型に囲むように、適当な長さに切った2×4材を木ねじで固定する。穴の中央から閉じた方の端までの長さは、切断したい最も長い長さにする。
3. 穴をあけた中央の板に、切断する板の上にL字アングルを垂直に向かい合わせに固定する。その際、MDF材をL字アングルと固定用の2×4材の間に挟み込み高さを調整する。
4. 電動ジグソーのスイッチを押したまま針金で固定し、電源コードを工作板の端に取り付けた節電タップに差し込む。

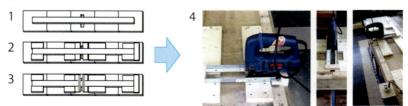

●工夫・留意点

・長さの短い部材に合わせてスペーサーを2×4材で作り、本人が分かるように表記する。

SST（場面） 088

絵カードを見て場面が分かるもん

● 対　　象	☑発達障害　☑知的障害（軽度）　☐知的障害（中度）　☐知的障害（重度）
● ねらい	・絵カードを見て場面が分かり、登場人物の気持ちを把握することができる。
● 使用方法	・人物の表情や場面の状況を捉えながら、人物のセリフを書いていくことで、人の気持ちを考える。
● 引き出す力	・場面認知、感情表現、想像
● 効果・応用	・本人の実態に合わせて、吹き出しに直接セリフを書いたり、選択肢を用意して選ばせたりする。 ・必要な部分だけが見えるように切り抜いた用紙で絵の一部だけを見えるようにすることで、注目させたい部分を焦点化することもできる。

材　料	・学校備品（画用紙、色鉛筆、ハサミ）
購入先 価　格	☐100円ショップ　☐家庭内　☐DIYショップ　☐専門店　☐その他（　　） 総額　0円

材　料

完　成

活　用

●作り方の手順
1. 画用紙と色鉛筆を用意する。
2. 本人の課題（困難）になっている場面を描く。
3. 吹き出しのカードを作る。

【活用方法の例】
①どんな場面か、どんな行動をとっているかを考える。
②吹き出しに言葉を書く。
③誤りがないか確かめ、問題点があれば再度考える。

●工夫・留意点
・微妙にニュアンスが異なるセリフがあった場合には、本人に「間違い」を教え、「適切なセリフ」を再度考えていく。

※参考文献　ことばと発達の学習室M 編著「ソーシャルスキルトレーニング絵カード　状況の認知絵カード1」エスコアール

SST(場面) **089**

短い映像を見て場面が分かるもん

●対　象	☑発達障害　☑知的障害(軽度)　☐知的障害(中度)　☐知的障害(重度)	
●ねらい	・短い映像を見て、場面の状況や展開、気持ちを把握することができる。	
●使用方法	・様々な問題場面をふり返らせながら、適切な行動を考える。	
●引き出す力	・場面認知、感情理解、適切な行動	
●効果・応用	・映像の場面を区切って整理することで、状況や気持ちの変化について時間を追って捉えることができる。 ・口調や行動に注目して状況や気持ちを捉えることができるようになり、日常場面での場面理解につながる。	

材　料	学校備品(ビデオカメラ、Ａ４用紙、鉛筆、消しゴム)
購入先 価　格	☐100円ショップ　☐家庭内　☐DIYショップ　☐専門店　☐その他(　　) 総額　0円

材　料　
完　成　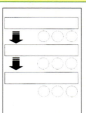
活　用　

●作り方の手順
1. 問題場面となる１〜２分程度の映像を撮る。
2. 状況整理シートを作成して印刷する。

【映像：問題場面の例】
- Ａさん、Ｂさん、Ｃさんが算数の問題を解いている。Ｂさんが先に終わったが、他の２人はまだ書いている。Ｂさんが２人に対して、「まだ終わらないの？遅いね。」と言い、Ａさんは悲しそうにし、Ｃさんが「うるさいな。」と言う。
- ＡさんとＢさんが話をしている。ＡさんがＣさんのことを仲間はずれにしようと言う。Ｂさんは困った顔で、「うん。」と言う。
- 休み時間に何をして遊ぶか決めようとしている。鬼ごっこをしようと決まりかけたときに、Ａさんが「絶対にサッカーがしたい。」と言い張り、Ｂさんが「今日は鬼ごっこで、サッカーは今度にしよう。」と言っても譲らない。Ｃさんが、「みんなは鬼ごっこをしたいから、いやなら一人で遊んでよ。」と言う。Ａさんは黙ってしまう。

●工夫・留意点
- 登場人物(注目させたい人物)の人数に合わせて、状況整理シートを作る。
- 実際に起こった出来事や身近な場面を取り上げる。

SST（場面） 090

漫画カードで場面が分かるもん

●対　象	☑発達障害　☑知的障害（軽度）　☐知的障害（中度）　☐知的障害（重度）
●ねらい	・漫画イラストを見て場面の状況や展開、気持ちを考えることができる。
●使用方法	・日常場面で課題になった場面や個別指導でソーシャルスキルを高めたいときに、その場面に応じた漫画カードを使って対処行動を考える。
●引き出す力	・場面認知、場の理論、状況把握、想像
●効果・応用	・漫画カードを順序よく並べることで、場面の認知力をより高めていく。 ・漫画カードの裏に複数の対処行動や気持ちを書き加え、選択させることで場面理解を促すことができる。

材　料	リング　大きめの単語カード 学校備品（色鉛筆）
購入先 価　格	☑100円ショップ　☐家庭内　☐DIYショップ　☐専門店　☐その他（　　） 総額　200円　（リング100円、単語カード100円）

材料

完成

活用

●作り方の手順
1. 4コマ漫画の場合には、「起承転結」の場面で、分かりやすく描く。
2. 4コマの漫画カードを順番にリングで留める。

＊（活用）イラストを順々に読み、最後のカードで人の気持ちや適切な対応を発問する。
（例）勝ち負けを認める、ルールに従う場面
・ゲームを途中で投げ出したら、周りの人はどんな気持ちになるかを問う。
・周りの人から責められたときの自分の気持ちはどうか問う。

●工夫・留意点
・必要に応じて場面の様子を言葉で説明したり、漫画カードの裏に書いたりするとよい。

＜漫画カードの例＞

〈友だちに物を借りる場面〉

〈友だちと遊びを決める場面〉

〈電車で過ごす場面〉

〈給食でおいしく食べる場面〉

〈登下校での場面〉

〈自分の気持ちを抑える場面〉

SST(場面) 091

すごろくで遊ぼう、ソーシャルストーリー

● 対　象	☑発達障害　☑知的障害（軽度）　☐知的障害（中度）　☐知的障害（重度）
● ねらい	・ソーシャルストーリーを読み、場面に応じた対応ができる。
● 使用方法	・すごろくゲームと同様に複数人で行い、カードに書かれている様々な状況について、対応の仕方を知り、場面への適応能力を身に付ける。
● 引き出す力	・場面認知、状況把握、社会適応、想像、表現
● 効果・応用	・ある程度の対応ができるようになったら、実際にロールプレイをすることでより般化を促すことができる。 ・扱う場面の内容を増やしていくことで、ゲームの難易度を高めていく。

材　料	サイコロ（人数に合わせて数個） 学校備品（4つ切画用紙または模造紙、色鉛筆、ペン、本人の写真、クリップ）
購入先 価　格	☑100円ショップ　☐家庭内　☐DIYショップ　☐専門店　☐その他（　　） 総額　100円　（サイコロ100円）

材料　　　　**完成**　　　　**活用**

●作り方の手順
1. 画用紙（模造紙）にソーシャルストーリー用のマスをいくつか作る。
2. マスの中に課題となっていることについてソーシャルストーリーを書いていく。
3. 色鉛筆やペンで装飾をする。
4. ゲームに参加する本人の顔写真を印刷し、クリップに貼り付けコマとして作る。

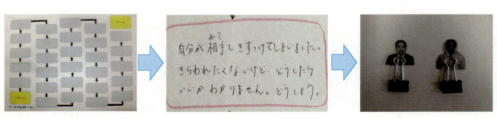

●工夫・留意点
・テーマを決めてソーシャルストーリーをカードに記入しておき、それを切って作成してもよい。（※次頁のソーシャルストーリーを参照）
・ソーシャルストーリーはなるべく生活場面に近い内容を書くとよい。

すごろくゲーム＜ソーシャルストーリー（学校でのできごと）＞

① 今の時間は班で遊ぶ時間です。しかし、とても面白そうな本を見つけました。それをとても読みたくて仕方ありません。どうしますか。

② 学校に行ったら、忘れ物をしたことに気づきました。困ってしまいました。そのとき、どうしますか。

③ 授業中は先生のお話をよく聞くことが大事です。しかし、急に歌を歌いたくなりました。そのときは歌ってもいいですか。そのような時はどうするとよいですか。

④ 友だちに物を借りるときは、どのように話しかけるとよいですか。

⑤ クラスの出し物の話し合いをしています。ぼくもしてみたい出し物があるのですが、はずかしくて言うことができません。自分の気持ちを伝えるにはどうしますか。

⑥ 相手からいやなことをされました。そのとき、なんと言いますか。また、どう対応しますか。

⑦ 相手にうれしいことをされたときに、何と伝えますか。

⑧ バスが来ました。みんな、列になって待っていますが、早く座りたいです。列をとばして乗ってもよいですか。

⑨ 友だちの遊びに加わりたいです。そんなとき、どのように仲間に入りますか。

⑩ 習い事が終わりました。早く帰りたいですが、お母さんが先生とお話ししています。さて、どのように待ちますか。それとも先に帰りますか。

⑪ 友だちとお話ししています。自分も話したいのですが、相手がずっと話しています。そのときの自分の気持ちを伝えてください。

⑫ ある友だちと遊ぶ約束をしていました。しかし、別の友だちからも遊びにさそわれました。どのようにしますか。

⑬ 授業中、となりにすわっている人がうるさくて集中できません。どのように解決しますか。

⑭ 下校時間です。帰り道が同じ友だちといっしょに帰りたいです。どのように声をかけますか。

⑮ 新しく友だちになりたい人がいます。その人にどう声をかけますか。

⑯ 今日はお弁当の日です。好きな人と食べてかまいません。いっしょに食べたい人にどう声をかけますか。

⑰ おつかいをたのまれました。さがしている物がなかなか見つかりません。このままでは家に帰れません。どのようにしてさがすとよいですか。

⑱ 友だちが、新しい遊びでたのしんでいます。しかし、自分はその遊びをの遊び方がわかりません。いっしょに遊びたいのですが、どのように入っていきますか。

SST（感情） 092

写真で顔の表情が分かるもん

●対　　象	☑発達障害　☑知的障害（軽度）　☐知的障害（中度）　☐知的障害（重度）
●ねらい	・感情理解を自己または他者の顔を用いて理解することができる。
●使用方法	・パソコンを使って、楽しみながら表情の認知トレーニングを行う。
●引き出す力	・感情の理解、表情の認知、心の理論
●効果・応用	・表情の認知トレーニングをすることで、自分や他人の感情を理解することができ、社会適応が促進される。

材料	デスクトップパソコンまたはノートパソコン Face Filter Studio 2(15日間無料体験版) ※現バージョンはFace Filter 3となっている Reallusion社　URL: http://www.reallusion.com/jp/facefilter/default.aspx
購入先 価　格	☐100円ショップ　☐家庭内　☐DIYショップ　☐専門店　☑その他（ダウンロード） 総額　Face Filter Studio 2(15日間無料体験版)　Face Filter 3(15日間無料体験版) 　　　ダウンロード版　Face Filter 3 pro…7,990円、Face Filter 3 Standard…2,990円

　　材料　　　　　　　　　完成　　　　　　　　　活用

・顔写真
・画像編集ソフト
　(Face Filter Studio 2
　またはFace Filter 3)

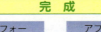

●作り方の手順
1. 感情を伴わない中立表情の鮮明な写真を1枚用意する。
2. Face Filter Studioを起動し、用意した顔写真を読み込む。
3. 画面で提示される手順に従って、顔の位置などを調整する。
4. 様々な感情(怒り、悲しみなど)をリストから選択し、感情を伴った表情に顔写真を加工する。
5. 加工した顔写真を画像データで保存する。
6. 加工した顔表情を用いた教材を作成する。
　（例えば、パワーポイントに貼り付けて提示する、SSTの学習プリントに用いるなど）

●工夫・留意点
・鮮明な写真ほど加工しやすい。(一部不自然な写真になることもある)
・自分の写真以外にも友達や親など様々な人の顔を使用できる。
・様々な表情の写真を用意する必要がなく、1枚の元写真から様々な表情が作成可能である。
・Face Filter 3 無料体験版では、作成した画像の中央に大きくロゴが入るので留意すること。

SST(感情) **093**

絵カードを見て人の感情が分かるもん

● 対　象	☑発達障害　□知的障害(軽度)　□知的障害(中度)　□知的障害(重度)
● ねらい	・絵カードを見て場面の状況を推測し、人の気持ちを把握することができる。
● 使用方法	・人物のセリフを書くことで、場面の状況から気持ちを考える。 ・表情に注目し、表情と感情語のカードを用いることで、感情語を結びつけていく。
● 引き出す力	・場面認知、感情表現、想像
● 効果・応用	・実態に合わせて、吹き出しに直接セリフを書いたり、選択肢を用意して選ばせたりする。 ・一人の人物に注目させたり、複数の人物に注目させたりすることができる。 ・感情の理由を答えさせる。(○○だからうれしい)

材　料	学校備品(画用紙、色画用紙)
購入先 価　格	□100円ショップ　□家庭内　□DIYショップ　□専門店　□その他(　　) 総額　0円

材　料

完　成

活　用

●作り方の手順
1. 児童生徒に考えさせたい場面を描く。
2. 吹き出しのカード、感情カード(表に表情の絵、裏に感情語)を作る。

【絵カードの例】

＜体育着を忘れてきた場面＞

＜表彰された場面＞

＜絵を描いている場面＞

① 男の子が何を考えているのかを問い、吹き出しカードにセリフ(心の中の声)を書く。
② どんな気持ちかを問う。答えられない場合は、表情カードを選び、裏の感情語を確認する。
③ 感情語と感情の理由を結びつけて、答える。(例)「体育着を忘れてきて困った」

●工夫・留意点
・表情が手掛かりになるように絵を描く。

SST（感情） 094

風船で気持ちの大きさ比べ

● 対　象	☑ 発達障害　☑ 知的障害（軽度）　□ 知的障害（中度）　□ 知的障害（重度）
● ねらい	・気持ちを感じた場面をカードに書いたり、風船で大きさを表現したりすることにより感情の高まりを知ることができる。
● 使用方法	・感情を自己コントロールできなかった場合に、感情の大きさを視覚的に捉えながら感情の自己コントロールスキルを身に付けていく。
● 引き出す力	・自己コントロール、視覚認知、抑制
● 効果・応用	・感情の種類を替えることで、様々な感情を知ることができる。

材　料	風船　学校備品（用紙、カード）
購入先　価　格	☑ 100円ショップ　□ 家庭内　□ DIYショップ　□ 専門店　□ その他（　　）　総額　100円　（風船100円）

　　　材　料　　　　　　　　　　完　成　　　　　　　活　用

● 作り方の手順
1. 表の下線部に感情語を書く。
2. カードに、どのような場面で困難（イライラ、爆発、怒り等）を感じたかを書く。
3. そのときの場面における気持ちの大きさ（感情の高ぶり）を風船で表す。
4. 気持ちの大きさごとにカードと風船を並べて貼り付け表にする。

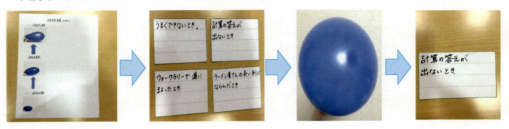

● 工夫・留意点
・風船は柔らかく膨らましやすいものを使用する。

SST(感情) **095**

気分爽快シュレッダーマシン

●対　象	☑発達障害　☐知的障害(軽度)　☐知的障害(中度)　☐知的障害(重度)
●ねらい	・嫌なことを忘れて、気分を爽快(精神安定)にすることができる。
●使用方法	・いじめられたり、感情が高まってパニックになりそうな場合に、紙に「相手に言われたこと」「相手に言い返したいこと」「嫌だったこと」「辛かったこと」などを書き、それを声に出して読む。最後にその紙をシュレッターに入れて粉々にする。その際、そばに付いている教師は「もう忘れなさい」と声掛けする。
●引き出す力	・精神安定、切り替え、許容、文章表現
●効果・応用	・ほんの些細なことでもやシュレッターを使って吐き出すことにより、ストレスや憎悪の感情が溜まらなくなる。

材　料	学校備品(A4用紙、シュレッダー、鉛筆)
購入先 価　格	☐100円ショップ　☐家庭内　☐DIYショップ　☐専門店　☐その他(　　　) 総額　0円

材　料

完　成

活　用

●作り方の手順
1. 用紙に、「相手に言われたこと」「相手に言い返したいこと」「嫌だったこと」「辛かったこと」などを、思い出せるくらい書く。
2. 書いた文章をシュレッダーに入れて粉々にする。

●工夫・留意点
・文章の他に、相手の顔を書き加えるのも効果的である。
・書いた文章を読ませたときに、「辛い思いしたのだね」等と声掛けし、受容的態度を示す。

SST（行動） **096**

文章やセリフを読んで行動ができるもん

●対　象	☑発達障害　□知的障害（軽度）　□知的障害（中度）　□知的障害（重度）
●ねらい	・文章やセリフを読み示された行動を理解し、行動をすることができる。
●使用方法	・言葉と行動が一致しない場合に、文章やセリフを読んで、その内容に示されている行動を考えたのち、その行動をする。
●引き出す力	・場面認知、状況把握、想像、表現、語彙
●効果・応用	・知っている内容を扱うことで想像力をより高めていく。 ・文章やセリフ中の動作にチェックを入れることで、動作をイメージしやすくする。

材　料	小説または台本 学校備品（紙、ノートパソコン）
購入先 価　格	□100円ショップ　□家庭内　□DIYショップ　□専門店　☑その他（本屋） 総額　600円　（小説600円）

材料

・紙
・本など

完成

活用

●作り方の手順
1. 台本、小説の中から行動の内容を示す場面を選んで文章を作る。
2. 誰のセリフか分かるように、事前にキャスト一覧を用意する。

●工夫・留意点
・文章中の漢字が読めない場合や意味が分からない場合は、その都度説明する。難しい言葉の場合は事前に意味を記す。

＜セリフ・文章＞

次の文章を声に出して読もう。そして別紙の絵を見て一致するものを探し、実際に動いてみよう。

一　今日は数学があるのに間違って国語の教科書を持ってきてしまった。どうすればよいか困ってしまい、頭を抱える。

二　明日はテストが終わるので学校の帰りに友達とカラオケに行く。お店の混雑が予想されるのであらかじめ、電話で予約しておく。

三　先生は棒で指しながら説明している。しかし、窓から入る光がまぶしくて自分の席からは何も見えない。

四　体幹を鍛えるために 片足立ちをしている。はじめの頃はふらふらして長い時間立つのは難しかったが、トレーニングの甲斐あって最近は長くバランスを維持できるようになった。

五　朝から公園で 側屈をする。側屈をすると体の側面が伸ばされて気持ちがよい。ラジオ体操にも側屈が含まれており、ラジオ体操は体の様々なところを動かすことができる体操なのだ。

六　私はクラスで一番前に並んだので、「前へならえ」いわれたら両手を腰に当てて直立した。

七　私は大きな海賊船の船長である。大海原の先に新たな島や大陸がないかと、望遠鏡がないので全く見えそうにない。

八　金田君は幸い横顔を向けて相対（あいたい）（向かい合う）しているから例の平坦な部分は半分隠れて見えぬ。

九　ぼくは小学生の頃から飼っているペットのポチは家族の一員なので家族写真を一緒に撮った。

十　息が切れたから、立ち止まって仰向くと、火の粉がもう頭の上を通る。ぼくはただただ火の粉を見つめていた。

十一　買ってもらったばかりのゲームで一日中遊んでいたら、すっかり飽きてしまい漫画を読み始めた。

十二　買ってきたプラモデルのパーツが予想以上に細かく、たくさんあったのに組み立てるのに悪戦苦闘している。

十三　ぼくは何度も抵抗し、解放されようと試みるがすごい力で逃げられない。ぼくを押さえつけようとする人々が周りに集まる。

十四　メレンゲを作るためにボウルを抱えながら卵白を泡立てると腕が筋肉痛になった。これを毎日しているパティシエには驚きだ。

第十話　シーン　部活

監督「来月に行われる大会のレギュラーを発表する。今回選ばれた者も態度が悪かったり、調子が悪い場合はレギュラーを変更する場合がある。」

生徒A「本当に？選ばれるか不安だな。」

生徒B「絶対オレがレギュラーとって、シュートを決めてやる。」

監督「静かに。これではいつまでたっても練習ができないだろう。」

生徒達は思い思いに話し、全体がざわつく。ポツリポツリと話し声が静かになる。

監督「では発表する。レギュラーはA、C、F、H…以上の十三人だ。切り替えて練習の準備を始めなさい。」

練習が終わりそれぞれが帰宅の準備をする。

生徒A「レギュラーに選ばれたからにはこれまで以上に頑張らなきゃな。」

生徒B「三年生最後の大会なのに…」

嬉しそうなAとは対照的に しょんぼりと歩いていく B。家に帰るとBはサンドバックを キックで蹴り飛ばした。

＜行動＞

①片足立ちをしている

②側屈をする

③片手に腰を当て遠くを見ながら探している

④しょんぼりと歩いていく

⑤キックで蹴り飛ばす

SST（行動） **097**

盗癖を防止する見通しボード

● 対　象	☑発達障害　☑知的障害（軽度）　☐知的障害（中度）　☐知的障害（重度）
● ねらい	・視覚的な見通しを持つことで、盗癖を防ぐことができる。
● 使用方法	・「盗癖防止の流れ図」を見て、盗癖品物を確認する。次回、盗癖をした場合には、先生に叱られたり警察署に行くことになることの見通しを把握する。 ・盗癖品物の写真ファイルを見ることにより、防止を意識化する。
● 引き出す力	・善悪の判断、状況把握、知覚認知、記憶
● 効果・応用	・担任、父母、校長先生などは、写真にしてボードに貼ると、リアルとなり防止効果が高まる。

材　料	ファイル、写真プリント用紙 学校備品（A4用紙、デジカメ）
購入先 価　格	☑100円ショップ　☐家庭内　☐DIYショップ　☑専門店　☐その他（　　） 総額　600円　（ファイル100円、写真プリント用紙500円）

材　料
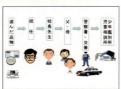

完　成

活　用

●作り方の手順
1. 盗癖品物（お金、ゲーム機、食べ物等）を写真に撮り、プリントアウトする。
2. A4用紙に、盗んだ品物→担任の顔→校長先生の顔→親の顔→警察署（交番）→児童相談所（少年鑑別所）、の順番で言葉と絵を書いたり、盗癖品物の写真を貼ったりする。
3. 補強のためラミネート加工し、「盗癖防止の流れ図」として完成。（※**次頁の流れ図を参照**）
  （黒板に「盗癖防止の流れ図」を貼る場合には、磁石チップを裏面に付ける）

●工夫・留意点
・教卓などにしまっておいた「盗癖防止の流れ図」を時々出して、本人の前で何気なしに見る。（間欠刺激の提示）
・あまり防止効果がない場合には、「盗癖品物の写真」を黒板の下などに貼ったり、下校の際に「盗癖防止の流れ図」を再度確認させる。（連続刺激の提示）
・「盗癖防止の流れ図」の登場人物は、本人の関係者で作り替えてよい。

＜盗難防止の流れ図＞

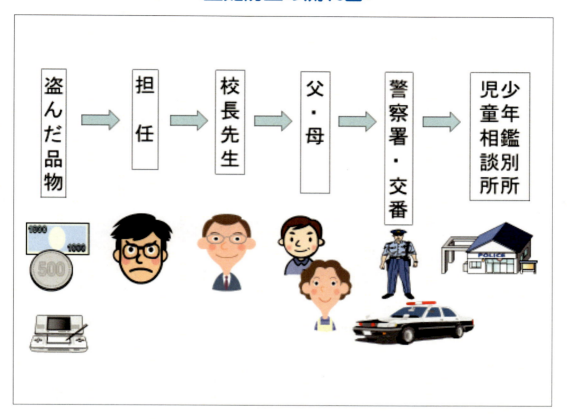

自立（手指） **098**

穴から抜いて抜いて

- ●対　象　　□発達障害　□知的障害（軽度）　□知的障害（中度）　☑知的障害（重度）
- ●ねらい　　・手指の操作性を高める。視覚と運動（手）の協応を高める。
- ●使用方法　・牛乳パックに鉛筆を差した状態で提示する。
  ・鉛筆を抜く見本を見ながら、教師と一緒に抜く動作をする。
  ・鉛筆を抜くだけ、抜いて箱に入れる、抜いて渡すなど、能力に応じて課題に取り組む。
- ●引き出す力　・注視、手指の巧緻性、つまむ、差す
- ●効果・応用　・差し込む鉛筆は、握る力などに応じて太さを変更することができる。
  ・差し込む棒を色鉛筆にし、牛乳パックの穴に各色を付けることで、色弁別の課題になる。
  ・差し込む鉛筆の本数は、課題の難易度に合わせる。

材　料	家庭内（牛乳パック） 学校備品（画用紙、色鉛筆、ハンドドリル、ガムテープ、穴あけパンチ）
購入先 価　格	□100円ショップ　☑家庭内　□DIYショップ　□専門店　□その他（　　） 総額　0円

材　料

完　成

活　用

●作り方の手順
1. 牛乳パックの口の部分をガムテープなどでふさぐ。
2. 色鉛筆を指す面の色紙に穴あけパンチで穴をあけて、牛乳パックに貼る。
3. ハンドドリルで牛乳パックに穴をあける。

  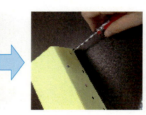

●工夫・留意点
・穴の大きさは、差し込む鉛筆と同じにする。
・大きすぎるものや小さすぎるものは、課題の難易度が異なってくる。

自立（手指） **099**

ペンを握って書けるもん

● 対　象	□発達障害　□知的障害(軽度)　☑知的障害(中度)　☑知的障害(重度)
● ねらい	・自分で筆記用具を持って書くことができる。
● 使用方法	・筆記用具が細くて持ちにくい場合に、補助具として使用する。
● 引き出す力	・書く、手指の巧緻性、握る
● 効果・応用	・手の大きさに合わせて、補助具の大きさや位置を調節できる。

材　料	カラークッションバー　養生テープ 学校備品（筆記用具）
購入先 価　格	☑100円ショップ　□家庭内　□DIYショップ　□専門店　□その他（　　） 総額　200円　（カラークッションバー100円、養生テープ100円）

材　料　　　　　**完　成**　　　　　**活　用**

  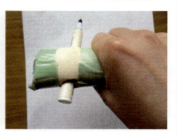

● 作り方の手順
1. カラークッションバーをカットする。
2. 筆記用具を入れるところに、穴をあける。
3. 穴にペンを差し、カラークッションバーを養生テープで巻いて完成。

● 工夫・留意点
・手の大きさに合わせて、カラークッションバーをカットする。
・書きやすいところに、カラークッションバーの位置を調節する。

自立（運動） 100

ひっぱるくん

● 対　象	□発達障害　□知的障害（軽度）　□知的障害（中度）　☑知的障害（重度）
● ねらい	・持ち手を握り、めくったり引っ張ったり破ったりすることができる。
● 使用方法	・日めくりカレンダー1枚を洗濯バサミで挟み、持ち手を握って引っ張る。
● 引き出す力	・握る、引っ張る、握力、手指の巧緻性
● 効果・応用	・本をめくる、紙を破る、物を引っ張りたいときなどにも使える。 ・日めくりカレンダーをめくる、本をめくる、制作時(紙を破る)などで活用できる。

材　料	フェルト(滑り止め) 学校備品（セロハンテープの芯、洗濯バサミ、ひも）
購入先 価　格	☑100円ショップ　□家庭内　□DIYショップ　□専門店　□その他（　） 総額　100円　（フェルト）

材料　　　　　**完成**　　　　　**活用**

● 作り方の手順
1. セロハンテープの芯にフェルト（滑り止め）を巻く。
2. セロハンテープの芯と洗濯バサミをひもでつないで完成。

● 工夫・留意点
・本人の引っ張る力に合わせて、ひもの長さを変える。
・持ち手が握りにくい場合は、フェルトを多く巻いたり減らしたりして調整する。

自立（運動） 101

楽々！車いす

● 対　象	□発達障害　□知的障害（軽度）　□知的障害（中度）　☑知的障害（重度）
● ねらい	・車いす操作の基本動作ができる。
● 使用方法	・車いす操作の基本4動作と、車いすを直進させるために必要な両手の協調運動を獲得する練習をする。
● 引き出す力	・協調運動、手指の巧緻性、握る、押す引く
● 効果・応用	・両手の協調運動が向上し、車いす操作の4段階（グリップを握る・押す・手を離す・手を戻す）の習得ができるようになる。

材料	簡易空気入れ　突張り棒　配管カバー　ホワイトボード　滑り止めマット 廃品利用等（傘袋、ペットボトルキャップ、A4サイズ用紙の空き箱） 学校備品（ハサミ、きり、テープ、結束バンド、マジック、画用紙、縄跳び、ストロー、お盆）
購入先 価格	☑100円ショップ　□家庭内　□DIYショップ　□専門店　☑その他（廃品利用） 総額　800円　（簡易空気入れ、突張り棒、配管カバー、ホワイトボード、滑り止めマット）

材料

完成

↑A；操作者から見た図
←B；後面から見た図
←C；側面から見た図

活用

● 作り方の手順
1. 傘袋に本人の好きな絵を描く。（弁別学習の選択肢として使用可能なもの）
2. お盆に滑り止めシートを敷き、その上に空気入れを置きガムテープ等でしっかりと固定する。
3. ペットボトルキャップに穴をあけ、ストローを通して箱の上に固定し、②にかぶせる。
4. 空気入れの持ち手部分に突っ張り棒を結束バンド等でしっかり固定し、配管カバーをかぶせ、本人の肩幅に合わせた縄跳びの持ち手を逆様にし配管カバーから出して固定する。
5. ①をペットボトルキャップに被せ、空気が漏れないように口を縛り、ホワイトボードをおく。

①  ②   ③   ④

● 工夫・留意点
・両手で同じ力で押すことで、空気入れが動き、傘袋に空気が入る。
・押すほど、傘袋に空気が入り膨らむことで、押すという見えない動きの評価を視覚化できる。
・ホワイトボードに問題や選択肢のマーク（絵）を描くことも可能である。
・結束バンド等は対象児がけがをしないよう、留めた後、テープで覆う等の処理をすること。

※作成協力（平成27年度・広島大学「病弱指導法Ⅱ」履修学生の皆さん、山形大学院生の星野由佳さん）

自立（弁別） **102**

色弁別シリーズ

● 対 象	☐ 発達障害　☑ 知的障害（軽度）　☑ 知的障害（中度）　☐ 知的障害（重度）
● ねらい	・数種類の色の弁別ができる。
● 使用方法	・色の名前を覚えさせる時に、練習として取り組む。
● 引き出す力	・色の弁別、手指の巧緻性、目と手の協応動作、マッチング
● 効果・応用	・色だけのマッチング、色の名前のマッチングなどで難易度を変えることができる。

材　料	① カードスタンドL型　カラーシール　カラー洗濯バサミ　クリアケース（直方体） ② 色鉛筆　クリアケース　マジックテープ　学校備品（紙、ハサミ、ラミネート）
購入先 価　格	☑100円ショップ　☐家庭内　☐DIYショップ　☐専門店　☐その他（　　） 総額①400円　（カードスタンド100円、シール100円、洗濯バサミ100円、ケース100円） 　　②300円　（色鉛筆100円、クリアケース100円、マジックテープ100円）

材料 / 完成 / 活用

①

②

● 作り方の手順

＜①洗濯バサミと色弁別＞
1. カードスタンドの上部に等間隔でカラーシールを貼る。
2. カラー洗濯バサミをクリアケースに入れて完成。

＜②色鉛筆と色弁別＞
1. 色鉛筆のケースをクリアケースにはめ込む。
2. 色の名前カードを作り、ラミネートを貼って補強する。
3. 色の名前カードの裏にマジックテープを貼って完成。

● 工夫・留意点
・カラーシールは洗濯バサミを挟んだときにも見えるような位置に貼る。

自立（視知覚） **103**

ペットボトルでビー玉ころころ

● 対　象	□ 発達障害　☑ 知的障害（軽度）　☑ 知的障害（中度）　□ 知的障害（重度）
● ねらい	・穴をよく見て、ビー玉を落とすことができる。
● 使用方法	・ペットボトルのふたの部分を両手で持ち、左右に動かしてビー玉を穴に入れ、上から下へ落としていく。
● 引き出す力	・目と手の協応動作、握る、視覚認知、バランス、数唱
● 効果・応用	・算数の時間に、落ちたビー玉の数を数えて、数を数える学習を行ってもよい。 ・ビー玉を、鈴など音の出る物に変えるとバリエーションが広がる。

材　料	ペットボトル4本(四角型)　丸シール　ビー玉
購入先 価　格	☑ 100円ショップ　□ 家庭内　□ DIYショップ　□ 専門店　□ その他（　　） 総額　200円（丸シール100円、ビー玉100円）

材　料

完　成
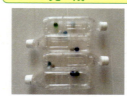

活　用

● 作り方の手順
1. ペットボトルの上部と下部に丸シールを貼り、穴をあける部分の印にする。シールは、全面上部に貼ったら、次は裏面下部に貼り、交互になるように貼る。シールを貼ったらその周りを油性ペンでなぞり線を書き入れる。
2. 書き入れた線に沿ってカッターナイフで切り込みを入れ、穴をあける。印に合わせて穴をあけたペットボトルを4本作る。カッターナイフだけでは穴をあけるのが難しい場合もあるため、眉毛カット用ハサミなどを用いるとよい。
3. あけた穴を合わせて、4本のペットボトルを重ねていく。左右両端と中心部分をセロハンテープで貼り合わせ、しっかりと固定する。最後に、好きな数のビー玉を入れれば完成。

● 工夫・留意点
・ペットボトルにあけた穴の切り口に凹凸があると、ビー玉がうまく穴から落ちなくなる。そのため、必要に応じて紙やすりなどで切り口を整えるようにする。

自立（視知覚） **104**

ビー玉ころがし迷路箱

●対　象	☐ 発達障害　☑ 知的障害（軽度）　☑ 知的障害（中度）　☐ 知的障害（重度）
●ねらい	・目の動きをコントロールし、視覚認知や空間認知のトレーニングをすることができる。
●使用方法	・ビー玉の動きをコントロールしながら枠の中を動かしゴールの穴に入れる。 ・慣れてくれば個別学習時に、ビジョントレーニングとして活用する。
●引き出す力	・目と手の協応、視覚認知、集中、空間認知、バランス
●効果・応用	・迷路板は取り外しが簡単なので、迷路のパターンを何種類か作って提示することで子供が選択できる。 ・ビー玉のコントロールが難しい場合は、デコレーションボールなどを使用することでスピードをコントロールすることができる。 ・迷路板を互い違いに入れることで、箱の中に重ねて収納できる。

材　料	ビー玉 学校備品（段ボールの箱、カッター、厚紙＝ティッシュの箱、牛乳パック）
購入先 価　格	☑ 100円ショップ　☐ 家庭内　☐ DIYショップ　☐ 専門店　☐ その他（　　） 総額　100円　　（ビー玉またはデコレーションボールや大きめのビーズ）

材　料 　**完　成** 　**活　用**

●作り方の手順
1. 外側の箱のふたの部分を切り取る。
2. 迷路板となる段ボールを外側の箱の底面と同じ大きさに折る。
3. 迷路板のゴールとなる部分に穴をあける。
4. スタートの位置や迷路の形を決め、カッターで切り込みを浅く（道を作る厚紙が抜けていかない程度の深さに）入れる。
5. カッターの切り込みに、厚紙を細長く切った物を入れ、ビー玉が通る道を作る。
6. 外側の箱に迷路板を押し込む。

●工夫・留意点
・迷路板は箱に押し込むことで固定される。迷路板の面が小さいと箱の底に落ちてしまうので、箱の底面と同じにするとよい。
・ゴールの穴は、ビー玉などが簡単に落ちる大きさにする。
・カッターの切り込みは太くしないので、道を作る厚紙に接着剤を付けなくても固定できる。

自立（視知覚） 105

万能ジオボード

● 対　　象	☑発達障害　☑知的障害（軽度）　☐知的障害（中度）　☐知的障害（重度）
● ねらい	・様々な図形の見本を見ながら同じ図形を作成することができる。
● 使用方法	・三角形、四角形、正方形などの図形を輪ゴムで作成し、それを見ながら、同じ図形を作成する。
● 引き出す力	・目と手の協応、空間認知、視覚認知、図形
● 効果・応用	・カラー輪ゴムの種類を増やすことで、どの色でどんな形の図形が作られているかを考えることができる。 ・平仮名やカタカナ、漢字などの文字の構成にも活用できる。 ・ドット数を多くすることで、より複雑な図形や文字などの難易度を高めることができる。

材　料	板（約15cm四方）　プラスチックだるま型画鋲　カラー輪ゴム
購入先 価　格	☑100円ショップ　☐家庭内　☑DIYショップ　☐専門店　☐その他（　　） 総額　400円　（板200円、プラスチックだるま型画鋲100円、カラー輪ゴム100円）

材　料　　　**完　成**　　　**活　用**　

● 作り方の手順
1. 縦線と横線を板に各5本ずつ3cm間隔になるように鉛筆で薄く線を引く。（下書き）
2. 縦線と横線が交差しているところにペンで印を付ける。
3. 鉛筆で書いた下書きの線を消しゴムで消す。
4. 線が交差したところにプラスチックのだるま型画びょうを刺していく。

● 工夫・留意点
・点と点の間隔が均等になるように線を引く。
・画鋲は、奥までしっかり刺す。
・プラスチックだるま型画鋲を使用することにより、輪ゴムで図形を作成しやすくする。

自立（視知覚）106

近道を通って速く速く

● 対　象	☑発達障害　☑知的障害（軽度）　☐知的障害（中度）　☐知的障害（重度）
● ねらい	・全体を見通して空間認知能力を高めることができる。
● 使用方法	・見本通りに図形を作ることやプランニングに弱さがみられる場合に、トレーニングすることにより空間認知能力を高めていく。
● 引き出す力	・空間認知、プランニング、ワーキングメモリー、集中、処理速度
● 効果・応用	・ゲーム感覚で楽しめる教材であるため、興味を持って取り組むことができる。 ・実態に応じてキャラクターを変えたり、ドット（点）を増やすなど難易度を変えることができる。

材　料	学校備品（Ａ４判コピー用紙、のり、ハサミ、イラスト集）
購入先 価　格	☐100円ショップ　☑家庭内　☐DIYショップ　☐専門店　☐その他（　　） 総額　0円

材料　　　　**完成**　　　　**活用**

● 作り方の手順
1. ドット（点）を作成して用紙を印刷し、正方形に切る。
2. 動かす対象物（消防車）や障害物（家、ビル、数字）などを印刷して切り取り、ドットの場所に貼り付ける。

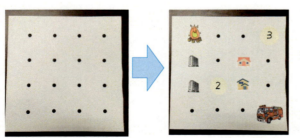

説明
① 消防車が点上を進み、火にたどり着く最小数を答える。
② 自分がたどった道の点を結ぶ。
＜ルール＞
・縦、横、斜めに進むことができる。
・障害物である建物は通れない。
・数字が書いてある交差点は数字の数分数え、歩数に足す。
・制限時間は1分とする。

● 工夫・留意点
・障害物を小さめに作ることで、動かす対象物とたどり着く場所が見やすくなる。
・動かす対象物や障害物などのテーマを決めることにより、作成しやすくなる。

＜近道を通って速く速く 教材例＞

  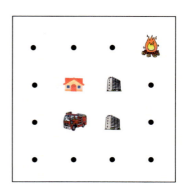
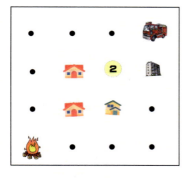 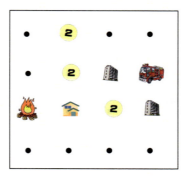 
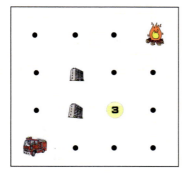 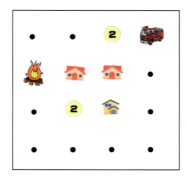 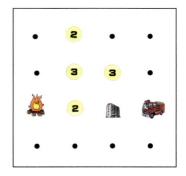
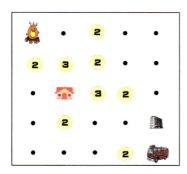 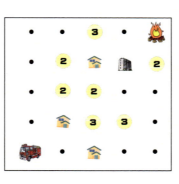 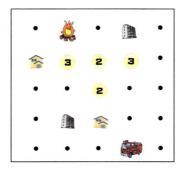

自立（視知覚） 107

ビジョントレーニングで目の体操

● 対　象	☑発達障害　☑知的障害（軽度）　☐知的障害（中度）　☐知的障害（重度）
● ねらい	・眼球運動を向上させ、文章の音読等をスムーズに行うことができる。
● 使用方法	・眼球運動に困難性がある場合に、画用紙と簡単な道具を使ってビジョントレーニングを行う。
● 引き出す力	・空間認知、追従性眼球運動、跳躍性眼球運動
● 効果・応用	・ゲーム感覚で、ビジョントレーニングを行うことができる。 ・慣れてきたら、動かし方を大きくすばやくする、数字を増やす、時間を計測して記録するなどにより、発展させることができる。

材　料	割り箸 学校備品（画用紙、サインペン、ハサミ、セロハンテープ）
購入先 価　格	☑100円ショップ　☐家庭内　☐DIYショップ　☐専門店　☐その他（　　） 総額　100円　（割り箸100円）

材　料

完　成

活　用

● 作り方の手順

　＜指示棒＞1. 画用紙に本人の興味あるものを描き、切り取る。
　　　　　　2. 切り取った紙を、割り箸の先端に貼る。

　[説　明]　①本人の目の前で動かす。
　　　　　　②本人は顔を動かさずに目の動きで追う。

　＜用紙＞1. 画用紙に、上の写真のような位置に数字を書く
　　　　　　（数字はランダムがよい）。

　[説　明]　①顔を動かさずに縦に数字を読んでいく。
　　　　　　②同じように横に数字を読んでいく。

● 工夫・留意点
　・指示棒は、なるべく目で追いやすいよう、大きいものを作った方がよい。
　・用紙は、最初から数字の量はあまり多いものにせず、徐々に量を増やしていく。
　※参照：図書文化社　北出勝也著『学ぶことが大好きになるビジョントレーニング』(2009)

＜跳躍性眼球運動トレーニング教材例＞

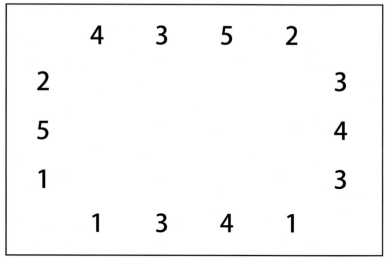

－読み方－
①縦読み
　「3→4→3→2→1→5→4→3→3→4→1→2→5→1」
②横読み
　「4→3→5→2→2→3→5→4→1→3→1→3→4→1」

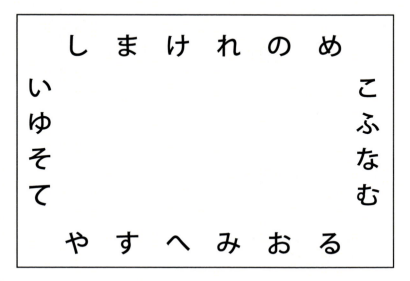

－読み方－
①縦読み
　「こ→ふ→な→む→め→る→の→お→れ→み→け→へ→ま→す→し→や→い→ゆ→そ→て」
②横読み
　「し→ま→け→れ→の→め→い→こ→ゆ→ふ→そ→な→て→む→や→す→へ→み→お→る」

自立(視知覚) 108

体を使ってマネマネ体操

● 対　象	☑発達障害　☑知的障害(軽度)　☐知的障害(中度)　☐知的障害(重度)
● ねらい	・体を動かしながら、ボディイメージを向上することができる。
● 使用方法	・体の動きがぎこちない場合に、ボディイメージトレーニングをして、思い通りに体を動かしていく。
● 引き出す力	・空間認知、ボディイメージ、目と手の協応動作
● 効果・応用	・体を使って、楽しくボディイメージを鍛えることができる。 ・慣れてきたら手拍子やメトロノームを取り入れ、リズムに合わせて体操する。 ・ビデオカメラで体操の様子を撮影し、その映像を振り返ることで実際に自分がどのような動きをしているのかフィードバックすると自己理解できる。

材　料	学校備品(紙、サインペン、ハサミ)
購入先 価　格	☐100円ショップ　☐家庭内　☐DIYショップ　☐専門店　☐その他(　　) 総額　0円

材　料　　　　　**完　成**　　　　　**活　用**

● 作り方の手順
1. 紙にいろいろな体の動きを書く。
2. 紙を同じ大きさに切り分けて、カードにする。

説明
①カードを1枚ずつ掲示する。
②絵カードを見て順番にマネをする。

● 工夫・留意点
・マネしやすいように、カードは大きく書く。
・体の動きは、なるべく全身を使ったものにする。
・カードにすることで、毎回異なる順番で体操を行うことができる。
※参照：図書文化社　北出勝也著『学ぶことが大好きになるビジョントレーニング』(2009)

<ボディイメージトレーニング教材例>

自立（食事）**109**

コップで上手に飲めるもん

● 対　象	☐ 発達障害　☐ 知的障害（軽度）　☐ 知的障害（中度）　☑ 知的障害（重度）
● ねらい	・コップで水等を飲むことができる。
● 使用方法	・スプーン飲みからコップ飲みへの移行期に使用する。 ・すする動作やコップをかまずに飲めるようになれば終了する。
● 引き出す力	・摂食機能の向上、口唇の開閉、発音の明瞭化、飲む
● 効果・応用	・コップで飲めることにより、摂食機能が向上し、活用の幅が広がる。 ・口唇の開閉ができることにより発音が明瞭となっていく。

材　料	学校備品（紙、サインペン、ハサミ）
購入先 価　格	☑ 100円ショップ　☐ 家庭内　☐ DIYショップ　☐ 専門店　☐ その他（　　） 総額　100円　（紙コップ）

材 料

完 成

活 用

●作り方の手順
　1. 紙コップにハサミで楕円型の切り込みを入れて完成。

●工夫・留意点
・指導者が介助しながらの水分摂取訓練時に使用すること。
・口唇のサイズに合わせて切り込みの深さを変える（ことができる）。
・8オンスサイズの紙コップは、市販品のカットコップよりも汎用性が高い。
・練習する際には、コップを深く口に入れないよう縁の丸みをしっかりと下口唇に当てて上口唇が下りてくるのを待つようにする。

自立（食事） **110**

何が出るかな？お弁当箱

●対　　象	☐発達障害　☐知的障害（軽度）　☐知的障害（中度）　☑知的障害（重度）
●ねらい	・指先でつまむ動作をすることで手指機能を高めることができる。 ・おかずの名前を選択することができる。
●使用方法	・食事に興味を持ちながら、おかずをつまんでいく。 ・お弁当箱に、おかずを並べて、お弁当を完成する。
●引き出す力	・手指の巧緻性、選択、配置
●効果・応用	・おかずの数を変化させることで難易度を変えることができる。

材　料	ポンポンボール　フェルト（黒）　ボンド　家庭内（お弁当箱＝タッパー） 学校備品（段ボール箱、おかずの写真、ハサミ、カッター）
購入先 価　格	☑100円ショップ　☑家庭内　☐DIYショップ　☐専門店　☐その他（　　） 総額　300円　（ポンポンボール100円、フェルト100円、ボンド100円）

材　料　　**完　成**　　**活　用**

●作り方の手順
1. おかずの写真を印刷し、ハサミで切る。
2. おかずカードにポンポンボールを貼る。
3. 段ボール箱に黒いフェルトをかぶせ、ボンドで貼る。
4. 段ボール箱からおかずカードが取り出せるように、カッターで穴をあける。
5. おかずカードを段ボール箱にいれ、ポンポンボールだけが見えるようにセットする。

●工夫・留意点
・おかずカードを取り出しやすいように、穴の大きさを調節する。

自立（生活）111

パソコンのキーボード補助具

- ●対　象　　☑発達障害　☑知的障害（軽度）　☑知的障害（中度）　□知的障害（重度）
- ●ねらい　　・文字をパソコンで表記することができる。
- ●使用方法　・キーボードの上に平仮名文字を貼り、それを見ながら平仮名入力していく。
- ●引き出す力　・平仮名の認知、文章構成、パソコンの操作
- ●効果・応用　・視覚情報（ローマ字）が減り、平仮名が大きく示されるので、文字を探しやすくなる。
  ・拗音・促音、句読点、数字は色分けすることで、使用するキーを探しやすい。

材　料	パソコンのキーボード　タックタイトル（正方形タイプ）
購入先 価　格	□100円ショップ　□家庭内　□DIYショップ　□専門店　☑その他（文房具店） 総額　100円　（タックタイトル100円）

材　料　　　　　　　完　成　　　　　　　活　用

●作り方の手順
1. シールに平仮名を黒で書く。小さく表記する「っ」「ゃ、ゅ、ょ」とシフトキーは青で書く。句読点と濁点とシフトキーは、赤で表す。数字と数字切り替えのキーは緑で表記する。（色は好みで）
2. キーボードに文字シール貼る。

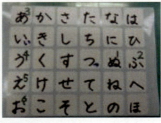 

●工夫・留意点
・慣れたら、シールをはがす。このシールははがしやすいので、粘着面が残りにくい。

自立（生活） 112

宅配便伝票で住所スラスラ

●対　象	☑発達障害　☑知的障害（軽度）　□知的障害（中度）　□知的障害（重度）
●ねらい	・住所、郵便番号、電話番号、名前の基本情報を覚えることができる。 ・マスの大きさに合わせて小さく正確に書くことができる。
●使用方法	・宅配便伝票は、カーボン紙で4枚綴りとなっているので、一番下の用紙に文字が写っているかを確かめながら書いていく。 ・曲がったり、マスからはみ出さないように書く。
●引き出す力	・住所、電話番号、記憶、書字、空間認知、筆圧
●効果・応用	・将来の社会生活を営む上で、様々な提出書類にきちんと書くことができる。 ・郵便局やクレジット会社の「払込伝票」「支払伝票」等にも記載することが可能となる。

材　料	宅配便伝票（業者はどこでも可能） （鉛筆、ボールペン、消しゴム）
購入先 価　格	□100円ショップ　□家庭内　□DIYショップ　□専門店　☑その他（郵便局、宅配便業） 総額　0円

材 料

完 成

活 用

●作り方の手順
1. 宅配便用紙を準備する。
2. 用紙の中に、自分の住所、郵便番号、名前、電話番号を書く。
3. 送り主を決めて、住所、郵便番号、名前、電話番号を書く。
4. 最後に、カーボン紙をめくり、4枚目まで文字が写っているか確かめる。

●工夫・留意点
・宅配便伝票は、どの業者も同一の4枚綴り（自分用、取扱店用、業者用、送り主用）で、内容も同一となっている。

進路（挨拶）113

働く大人になるために・・・敬語宣言！

● 対　象	☐ 発達障害　☑ 知的障害（軽度）　☑ 知的障害（中度）　☐ 知的障害（重度）
● ねらい	・社会人になることを意識して、丁寧語や敬語を使うことができる。
● 使用方法	・学級全体で「敬語宣言」をすることで、日常的に級友の言葉遣いを意識する。 ・丁寧語や敬語を発言したときに、その言葉を掲示して表現を増やしていく。
● 引き出す力	・敬語の使用、コミュニケーション、対人関係形成、言語表現
● 効果・応用	・本人から出た良い表現の仕方を短冊にして掲示していくことで、言葉のバリエーションが広がっていく。 ・ふさわしくない表現をしたときには、掲示している好ましい表現を見せながら指導することができる。 ・高等部1年生から使用していくと効果的である。

材　料	色画用紙（ポスター用、短冊用） 学校備品（油性マジックセット）
購入先 価　格	☑ 100円ショップ　☐ 家庭内　☐ DIYショップ　☐ 専門店　☐ その他（　　） 総額　100円　（色画用紙100円）

材　料　　　　　　　　　**完　成**　　　　　　　　　**活　用**

● 作り方の手順
1. 画用紙で、「敬語宣言」のポスターと短冊を作る。
2. 本人の発言をタイムリーに評価し、丁寧な言い方の例を掲示して、増やしていく。

● 工夫・留意点
・発言した本人の名前も一緒に掲示することで、自分の発言が採用された喜びを感じられるようにする。

進路（挨拶）114

敬語の使い方ばっちり！ホウ・レン・ソウ・カード

● 対　象	☐ 発達障害　☑ 知的障害（軽度）　☑ 知的障害（中度）　☐ 知的障害（重度）
● ねらい	・就労体験実習先で想定される挨拶や報告の仕方ができる。
● 使用方法	・担当者の名前を呼んで、報告や連絡をする習慣を身に付ける。
● 引き出す力	・敬語の使用、コミュニケーション、対人関係形成、言語表現
● 効果・応用	・コミュニケーション、他者に働きかける、主体的行動

材　料	単語カード 学校備品（マジックペン）
購入先 価　格	☑ 100円ショップ　☐ 家庭内　☐ DIYショップ　☐ 専門店　☐ その他（　　　） 総額　100円　（単語カード）

材料

完成

活用

● 作り方の手順
1. 実習先で必要な報告や連絡の言い方を考える。
2. 具体的な場面を想定できるようにワークシートを用いる。
3. 単語カードに伝える言葉を書いて完成。

● 工夫・留意点
・覚えやすいようにするため、言いやすい表現でカードを作ってもよい。
・担当者の名前をなかなか覚えられない場合には、担当者リストを作ると覚えやすい。

進路（挨拶） **115**

入室は、大きな声ではっきりと

● 対　象	□ 発達障害　□ 知的障害（軽度）　☑ 知的障害（中度）　☑ 知的障害（重度）
● ねらい	・相手に聞こえる声で挨拶して入室することができる。
● 使用方法	・職員室や会社への入室の仕方を視覚的にパターンで覚える。
● 引き出す力	・コミュニケーション、人間関係形成、視覚認知
● 効果・応用	・教職員間で共通理解しておくことで、声の大きさや目線など、個に応じた支援ができる。 ・短冊の中身を変え、教室や作業室の「在室」「不在」の表示や係の仕事の担当表などにも応用することができる。

材　料	コルクボード　折り紙　ケント紙 学校備品（輪ゴム、押しピン）
購入先 価　格	☑100円ショップ　□家庭内　□DIYショップ　□専門店　□その他（　　） 総額　300円　（コルクボード100円、折り紙100円、ケント紙100円）

材　料　　　**完　成**　　　**活　用**

● 作り方の手順
1. ケント紙に色紙を貼って、短冊を作る。
2. コルクボードに短冊を並べて、短冊を回転できるように輪ゴムと押しピンで固定する。

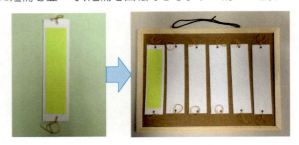

● 工夫・留意点
・短冊を裏返したら、「あいさつ名人」と出るようにしておくと意欲づけになる。

進路(マナー) 116

社会人マナーチェックカード

●対　象	□ 発達障害　☑知的障害(軽度)　☑知的障害(中度)　□ 知的障害(重度)
●ねらい	・社会人として期待される挨拶や身だしなみなどの基本的な生活習慣やマナーを身に付けることができる。
●使用方法	・チェックカードをズボン等に身に付ける。 ・作業学習や就業体験実習において、分からなくなったときに、大切なポイントを簡単に確認する。
●引き出す力	・人間関係形成、マナー、ルール、身だしなみ、挨拶
●効果・応用	・いつでも簡単に身だしなみを確認するポイントを確認し、自己チェックすることができる。 ・リングを付けることで、身に付けやすくする。

材料	リング 学校備品(コピー用紙、ハサミ、穴あけパンチ、ラミネートフィルム、)
購入先 価　格	☑100円ショップ　□家庭内　☑DIYショップ　□専門店　□その他(　　) 総額　100円　(リング代100円)

材料

完成

活用

携帯して、いつでもチェックできるようにする。

●作り方の手順
1. マナーチェックカードを印刷したプリントを1枚用意する。
2. プリントをラミネート加工する。
3. ハサミで4つのカードになるように切り離す。
4. 穴あけパンチでカードの左上に穴をあける。
5. 四隅をハサミで丸く切る。
6. リングを通す。

朝の身だしなみチェック	出勤のあいさつチェック	職場の身だしなみチェック	退勤のあいさつチェック
□ ねぐせをくしでとかす。 □ 歯をみがく。 □ ひげをそる(男性) □ かおをあらう。 □ つめを短く切る。	□ 笑顔で □ 明るい声で □ 自分から先に □ 「おはようございます。」と言った後におじぎする。 □ タイムカードを機械に通し、名札を「退勤」から「出勤」にする。	□ シャツがズボンの中に入っている。 □ ボタンが正しくつけられている。 □ 上着やズボンのチェックがしまっている。 □ 靴ひもが固く結ばれている。	□ 笑顔で □ 明るい声で □ 自分から先に □ 「お先に失礼します。」と言った後に、おじぎする。 □ タイムカードを機械に通したり、名札を「出勤」から「退社」にしたりする。

●工夫・留意点
・他にも仕事に必要な留意事項カードを作成し、随時追加し携帯することが可能である。
・チェック表の四隅がとがっているとけがをしてしまうので、ハサミで角を丸く調整する。

進路（生活）117

生活費の簡単分類カード

● 対 象	□発達障害　☑知的障害（軽度）　☑知的障害（中度）　□知的障害（重度）
● ねらい	・生活費の主な支出項目について、簡単な分類を理解することができる。
● 使用方法	・社会人になったときを想定して、支出項目を考える。その後に、支出項目を「毎日使うお金（青色）」「毎月使うお金（ピンク色）」「必要なお金（赤色）」「楽しむためのお金（オレンジ色）」「貯めてから使うお金（黄緑色）」の5つに色分け分類し、生活費の簡単な分類をする。
● 引き出す力	・金銭管理、計算、意思決定、分別、生活
● 効果・応用	・支出項目を5つに色分けすることで、視覚的に生活費の分類を簡単に確認することができる。

材　料	スケッチブック 学校備品（色画用紙、ハサミ、両面テープ）
購入先 価　格	☑100円ショップ　□家庭内　□DIYショップ　□専門店　□その他（　　） 総額　500円　（スケッチブック代）

材　料	完　成	活　用

●作り方の手順
1. スケッチブック、色画用紙を用意する。
2. 一人当たり色画用紙を縦7cm×横8cmを各色1枚（分類名用）、縦3cm×横10cmを各色10枚（支出項目用）切って、用意する。
3. 分類名用の色画用紙に分類名を記入し、スケッチブックに貼る。
4. 支出項目が何の分類になるのかを考え、支出項目用色画用紙に記入して貼る。

生活費の簡単分類	支出項目
毎日使うお金（青色）	ジュース代、弁当代
毎月使うお金（ピンク色）	スマートフォン代
必要なお金（赤色）	お家に食費、保険
楽しむためのお金（オレンジ色）	マンガ本、CDレンタル、CD、野球チケット
貯めてから使うお金（黄緑色）	夏の旅行

●工夫・留意点
・書字能力に合わせて、用紙の大きさを調整すること。
・色分けは、分かりやすい色に変えてもよい。

資　料

1. 各学年漢字表
   （第 1 学年〜第 6 学年）

2. 漢字間違い探し
   （漢字頻度出現表）

3. アルファベット大文字小文字セット
   （絵カード 26 語）

4. 絵で覚える英単語スペル
   （絵カード 12 単語）

資料 1

＜各学年漢字表＞

○第1学年

一 右 雨 円 王 音 下 火 花 貝 学 気 九 休 玉 金 空 月 犬 見
五 口 校 左 三 山 子 四 糸 字 耳 七 車 手 十 出 女 小 上 森
人 水 正 生 青 夕 石 赤 千 川 先 早 草 足 村 大 男 竹 中 虫
町 天 田 土 二 日 入 年 白 八 百 文 木 本 名 目 立 力 林 六

○第2学年

引 羽 雲 園 遠 何 科 夏 家 歌 画 回 会 海 絵 外 角 楽 活 間
丸 岩 顔 汽 記 帰 弓 牛 魚 京 強 教 近 兄 形 計 元 言 原 戸
古 午 後 語 工 公 広 交 光 考 行 高 黄 合 谷 国 黒 今 才 細
作 算 止 市 矢 姉 思 紙 寺 自 時 室 社 弱 首 秋 週 春 書 少
場 色 食 心 新 親 図 数 西 声 星 晴 切 雪 船 線 前 組 走 多
太 体 台 地 池 知 茶 昼 長 鳥 朝 直 通 弟 店 点 電 刀 冬 当
東 答 頭 同 道 読 内 南 肉 馬 売 買 麦 半 番 父 風 分 聞 米
歩 母 方 北 毎 妹 万 明 鳴 毛 門 夜 野 友 用 曜 来 里 理 話

○第3学年

悪 安 暗 医 委 意 育 員 院 飲 運 泳 駅 央 横 屋 温 化 荷 界
開 階 寒 感 漢 館 岸 起 期 客 究 急 級 宮 球 去 橋 業 曲 局
銀 区 苦 具 君 係 軽 血 決 研 県 庫 湖 向 幸 港 号 根 祭 皿
仕 死 使 始 指 歯 詩 次 事 持 式 実 写 者 主 守 取 酒 受 州
拾 終 習 集 住 重 宿 所 暑 助 昭 消 商 章 勝 乗 植 申 身 神
真 深 進 世 整 昔 全 相 送 想 息 速 族 他 打 対 待 代 第 題
炭 短 談 着 注 柱 丁 帳 調 追 定 庭 笛 鉄 転 都 度 投 豆 島
湯 登 等 動 童 農 波 配 倍 箱 畑 発 反 坂 板 皮 悲 美 鼻 筆
氷 表 秒 病 品 負 部 服 福 物 平 返 勉 放 味 命 面 問 役 薬
由 油 有 遊 予 羊 洋 葉 陽 様 落 流 旅 両 緑 礼 列 練 路 和

○第4学年

愛 案 以 衣 位 囲 胃 印 英 栄 塩 億 加 果 貨 課 芽 改 械 害
街 各 覚 完 官 管 関 観 願 希 季 紀 喜 旗 器 機 議 求 泣 救
給 挙 漁 共 協 鏡 競 極 訓 軍 郡 径 型 景 芸 欠 結 建 健 験

— 144 —

固 功 好 候 航 康 告 差 菜 最 材 昨 札 刷 殺 察 参 産 散 残
士 氏 史 司 試 児 治 辞 失 借 種 周 祝 順 初 松 笑 唱 焼 象
照 賞 臣 信 成 省 清 静 席 積 折 節 説 浅 戦 選 然 争 倉 巣
束 側 続 卒 孫 帯 隊 達 単 置 仲 貯 兆 腸 低 底 停 的 典 伝
徒 努 灯 働 堂 特 得 毒 熱 念 敗 梅 博 飯 飛 費 必 票 標 不
夫 付 府 副 粉 兵 別 辺 変 便 包 法 望 牧 末 満 未 脈 民 無
約 勇 要 養 浴 利 陸 良 料 量 輪 類 令 冷 例 歴 連 老 労 録

○第5学年

圧 移 因 永 営 衛 易 益 液 演 応 往 桜 恩 可 仮 価 河 過 賀
快 解 格 確 額 刊 幹 慣 眼 基 寄 規 技 義 逆 久 旧 居 許 境
均 禁 句 群 経 潔 件 券 険 検 限 現 減 故 個 護 効 厚 耕 鉱
構 興 講 混 査 再 災 妻 採 際 在 財 罪 雑 酸 賛 支 志 枝 師
資 飼 示 似 識 質 舎 謝 授 修 述 術 準 序 招 承 証 条 状 常
情 織 職 制 性 政 勢 精 製 税 責 績 接 設 舌 絶 銭 祖 素 総
造 像 増 則 測 属 率 損 退 貸 態 団 断 築 張 提 程 適 敵 統
銅 導 徳 独 任 燃 能 破 犯 判 版 比 肥 非 備 俵 評 貧 布 婦
富 武 復 複 仏 編 弁 保 墓 報 豊 防 貿 暴 務 夢 迷 綿 輸 余
預 容 略 留 領

○第6学年

異 遺 域 宇 映 延 沿 我 灰 拡 革 閣 割 株 干 巻 看 簡 危 机
揮 貴 疑 吸 供 胸 郷 勤 筋 系 敬 警 劇 激 穴 絹 権 憲 源 厳
己 呼 誤 后 孝 皇 紅 降 鋼 刻 穀 骨 困 砂 座 済 裁 策 冊 蚕
至 私 姿 視 詞 誌 磁 射 捨 尺 若 樹 収 宗 就 衆 従 縦 縮 熟
純 処 署 諸 除 将 傷 障 城 蒸 針 仁 垂 推 寸 盛 聖 誠 宣 専
泉 洗 染 善 奏 窓 創 装 層 操 蔵 臓 存 尊 宅 担 探 誕 段 暖
値 宙 忠 著 庁 頂 潮 賃 痛 展 討 党 糖 届 難 乳 認 納 脳 派
拝 背 肺 俳 班 晩 否 批 秘 腹 奮 並 陛 閉 片 補 暮 宝 訪 亡
忘 棒 枚 幕 密 盟 模 訳 郵 優 幼 欲 翌 乱 卵 覧 裏 律 臨 朗
論

資料 2

＜漢字間違い探し　漢字頻度出現表 1 位～6 位＞

人	山	人
ト	人	入
乂	人	大

一	一	～
／	一	一
一	丶	＼

日	日	口
月	日	旧
日	曰	目

大	大	木
天	大	太
天	大	ナ

年	午	年
年	年	年
牛	年	干

出	屵	出
出	出	屮
出	出	出

— 146 —

＜漢字間違い探し　漢字頻度出現表7位～12位＞

未	本	本
不	本	太
本	木	本

中	中	中
中	中	由
中	中	申

毛	子	子
了	子	子
子	子	子

見	見	見
見	見	見
見	見	貝

国	国	国
国	国	国
国	国	国

言	言	言
言	言	言
言	言	言

資料 2

＜漢字間違い探し　漢字頻度出現表 13 位～ 18 位＞

止	上	上
上	土	上
上	上	上

分	分	分
分	分	分
分	分	分

壬	主	生
生	生	生
生	生	生

手	手	手
手	手	手
手	子	毛

自	自	自
自	自	白
自	自	自

行	行	行
行	行	行
行	彳亍	行

－ 148 －

資料 2

＜漢字間違い探し　漢字頻度出現表 19 位〜 24 位＞

資料 2

＜漢字間違い探し　漢字頻度出現表 25 位～ 30 位＞

資料3

<アルファベット大文字小文字セット>

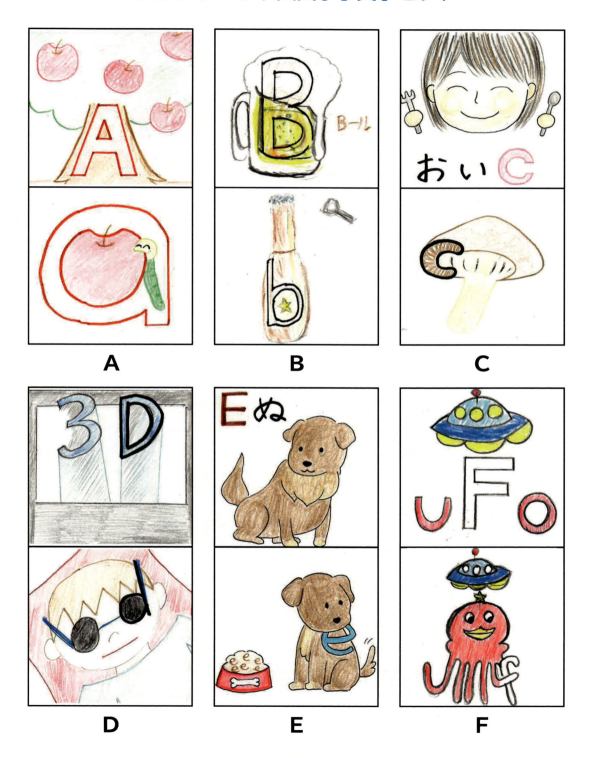

資料3

資料3

M　　　　　N　　　　　O

P　　　　　Q　　　　　R

資料3

資料3

Y　　　　Z

資料4

＜絵で覚える英単語スペル＞

bee

bike

cap

CAT

cheery
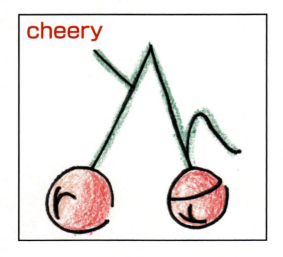

chick

資料4

eye

key

penguin

pot

smile

Tiger

文 献

池田康子・上原淑枝 (2009)：『特別支援教育手軽にすぐに使える教材・教具集』、学事出版
石川県立明和養護学校 (2010)：『特別支援教育に役立つ手作り教材・教具集』、黎明書房
上岡一世 (2009)：『子どもに効果的な教材・教具の工夫』、明治図書
上野一彦・岡田智 (2006)『実践ソーシャルスキルマニュアル』、明治図書
北出勝也 (2009)『学ぶことが大好きになるビジョントレーニング』、図書文化
キャロル・グレイ編著 (2005)『ソーシャルストーリーブック』、クリエイツかもがわ
久里浜の教育同人会：『障害をもつ子どもの教材・教具』、教育出版
小貫悟・名越斉子・三和彩 (2004)『LD・ADHD へのソーシャルスキルトレーニング』、日本文化科学社
ことばと発達の学習室 M 編著 (2003)『ソーシャルスキルトレーニング絵カード』、エスコアール
ことばと発達の学習室 M 編著 (2006)『ソーシャルスキルトレーニング絵カード（状況の認知絵カード）』、エス
　コアール
佐竹真次編著 (2009)『マンガでまなぶ気持ちの理解』、川島書店
立松英子 (2009)『発達支援と教材教具　子どもに学ぶ学習の系統性』、ジアース教育新社
立松英子 (2011)『発達支援と教材教具Ⅱ　子どもに学ぶ行動の理由』、ジアース教育新社
立松英子 (2015)『発達支援と教材教具Ⅲ　子どもに学ぶ、学習上の困難への合理的配慮』、ジアース教育新社
筑波大学教育開発国際協力研究センター (2006)：日本の教育制度と教育実践 −研修のためのヴィジュアル教材
　−（平成 16 年度文部科学省拠点システム構築委託事業）、『日本の教育経験における情報整備事業 −教育経営・
　教員研修分野を中心として−』
日本大百科全書：1111（伊東亮三）
藤田和弘監修 (2000)『長所活用型指導で子どもが変わる　Part2』、図書文化社
藤田和弘監修 (2008)『長所活用型指導で子どもが変わる　Part3』、図書文化社
宮崎直男編 (2004)：『知的障害教育　算数数学編』、明治図書
文部省 (1994)：『心身障害児の教育と教材・教具』
山岡修・柘植雅義 (2010)：『発達障害のある子への最適サポート＆ツール 1』、明治図書
山岡修・柘植雅義 (2013)：『発達障害のある子への最適サポート＆ツール 2』、明治図書

あとがき

　2012年7月の「共生社会の形成に向けたインクルーシブ教育システム構築のための特別支援教育の推進」では、基礎的環境整備や合理的配慮についてまとめられ、子供たちの実態や個々の障害特性に即した指導方法や指導内容の変更・調整などに加えて、教材・教具の整備などが合理的配慮の一つであると述べられています。

　本書の編纂がスタートしたのは、2015年3月のある研修会後です。発達障害児や知的障害児のよりよい学習を支援し、子供たちの力を伸ばす指導を実践するためには、どのような教材・教具を作成して活用すればよいのかという議論をしている最中でした。

　私は、子供と教師は、授業や学習において、教材・教具を介して関係性を深めていくものであり、よりよい教材・教具を選択し、またときには自ら作成する中で、それを活用しながら指導に当たることも教師の専門性の一つであると考えています。だからこそ、多くの先生方が、日々教材研究に励み、多くの時間をかけて教材・教具を作っているのだと思います。私自身も、これまで多くの先輩教師や書籍などを参考にしながら、教材・教具を作成してきました。そして、その教材・教具を使って子供が課題を解決できたときや、新しく何かができるようになったときなど、その達成感や子供の笑顔が私自身の大きな喜びとなって帰ってきたことがありました。教材・教具というものは、子供の人数と同じだけ、またはそれ以上にあるものだと思います。同じものを使用しても、子供たちはそれぞれ違った姿を見せてくれるものです。その反面、実態が似ている子供であっても、同じ教材・教具が合わないことも多々あります。それだけ子供に適した教材・教具を作るということは、難しいものであると思います。

　本書は、そのタイトル「知的障害・発達障害の教材・教具117」にもありますように、多くの教材・教具をまとめることができました。取り上げた教科・領域も11種類と多岐にわたっております。様々な実態や発達段階の子供たちに使用することができるものであると思います。しかも、これまでなかったようなオリジナリティに溢れ、身近な素材や低価格で入手できる素材を多く取り入れているため、すぐにでも作成して使用したくなるようなものばかりです。ご覧いただいた方々に活用していただき、子供たちのよりよい指導に生かしていただけたら幸いです。

　最後に、本書のために教材・教具を作成し、執筆していただいた多くの仲間に感謝申し上げます。また、ご多忙の中、本書の出版にあたり多大なるご尽力をいただきました、ジアース教育新社の代表取締役であります加藤勝博様、編集担当の市川千秋様にも厚く御礼申し上げます。本書が多くの先生方や保護者の皆様の手に届き、多くの子供たちに還元されることを切に願っております。

2016年7月　執筆者を代表して

岩松　雅文

【編著者】

三浦 光哉（みうら こうや）

山形大学教職大学院教授（宮城県公立小学校教諭、宮城教育大学附属養護学校教諭、宮城教育大学非常勤講師、山形大学教育学部助教授、山形大学地域教育学部教授を経て現在）

主な著書

『知的障害教育における学力問題』共著　2014　ジアース教育新社

『本人参加型会議で不登校が改善する』編著　2014　学研教育出版

『小1プロブレムを防ぐ保育活動（理論編・実践編）』編著　2013　クリエイツかもがわ

『特別支援教育コーディネーター必携ハンドブック』編著　2011　クリエイツかもがわ

『特別支援教育の基礎』編著　2010　田研出版

【執筆者一覧】（五十音順、敬称略、所属・役職は平成28年4月現在）

阿部美早紀（岩手県立一関清明支援学校教諭）・・・・・・5,50,64

石川美貴子（山形県立山形養護学校教諭）・・・・・・57,58,60,62

伊藤那津子（山形大学附属特別支援学校教諭）・・・・・24,54,59,82

家坂 玉緒（山形大学附属特別支援学校教諭）・・・・42

岩松 雅文（栃木県立益子特別支援学校教諭）・・・・・11,15,16,34,35,36,37,38,39,40,41,43,55,61,103

衛藤あすか（東京都杉並区立済美養護学校教諭）・・・・・98

大江 啓賢（山形大学地域教育文化学部准教授）・・・・68,101,109

大熊 愛（群馬県太田市立中央小学校教諭）・・・・・・94,110

大村 一史（山形大学地域教育文化学部准教授）・・・・9,10,92

奥山 恵己（山形県山形市立第九小学校教諭）・・・・・14,88,89,93

門脇ゆかり（山形県立新庄養護学校教諭）・・・・・・76,81,111

河井 由紀（山形県立新庄養護学校教諭）・・・・・20,21,104

川越沙友理（山形県立鶴岡養護学校教諭）・・・・・53,63

川村 修弘（宮城教育大学附属特別支援学校教諭）・・・3,4,80,105,116,117

笹原 一恵（山形大学附属特別支援学校教諭）・・・・78

志鎌 知弘（山形大学附属特別支援学校教諭）・・・・83

信夫 珠美（山形県立新庄養護学校教諭）・・・・・・・19,20,21,22,104

庄司 美里（山形県立ゆきわり養護学校教諭）・・・・1,52,99,100

高橋 恵人（山形県天童市教育委員会スクール指導員）・・・107,108

武田 豊己（山形大学附属特別支援学校教諭）・・・・77

千葉 雅弘（宮城県立視覚支援学校教頭）・・・・・・・66,67,70,71,72,73,74,75,87

土田　順平（山形大学附属特別支援学校教諭）・・・・・・78

寺島　千尋（山形県米沢市立西部小学校教諭）・・・・・6,8,13

西川　　崇（長崎大学大学院教育学研究科准教授）・・・69,84,85,86,113,114,115

二瓶　明美（にこにこ音楽子育て支援の会会長）・・・・26,27,28,29,31,32

橋本　博行（山形県山形市立第六小学校教諭）・・・・92

引地　貴之（山形県立米沢養護学校教諭）・・・・・・90,91

藤原　弓子（山形大学教職大学院院生）・・・・・・・46

堀　　　茜（山形県天童市立荒谷小学校スクール支援員）・・45,47,48

堀江　沙貴（山形県立新庄養護学校教諭）・・・・・・・19

松田　真也（山形大学教職大学院院生）・・・・・・・・9,10,92

丸中　新一（宮城県塩釜市立杉の入小学校教諭）・・・・30,33

三浦　光哉（山形大学教職大学院教授）・・・・・・・2,5,6,7,8,12,13,17,18,23,25,44,45,46,47,48,49,64,
　　　　　　　　　　　　　　　　　　　　　　　　65,90,91,94,95,96,97,106,110,112

村山美沙姫（山形大学教職大学院院生）・・・・・・・17,18,23,25,98,106

山浦　裕次（宮城県立古川支援学校教諭）・・・・・・・79

山口　弘晃（長崎県立希望が丘高等特別支援学校教諭）・・・69

山科　平恵（山形大学附属特別支援学校教諭）・・・・・51,56,102

渡部　美沙（山形大学地域教育文化学部学生）・・・・・96

【教材・教具協力】

石塚若奈・今村優花・佐々木蓮・佐藤慶・古山澪・遠藤茉菜美・大関美由・兼子桂・野尻理奈・半澤龍・
岡崎悟（山形大学地域教育文化学部学生）、坂井祐弥（イラスト）

知的障害・発達障害の教材・教具 117

2016 年 7 月 27 日　初版第 1 刷発行
2023 年 8 月 23 日　初版第 5 刷発行（オンデマンド）

■編　　著　三浦　光哉
■発 行 人　加藤　勝博
■発 行 所　株式会社　ジアース教育新社

　　　　　〒 101-0054　東京都千代田区神田錦町 1-23　宗保第 2 ビル
　　　　　TEL：03-5282-7183　　FAX：03-5282-7892
　　　　　E-mail：info@kyoikushinsha.co.jp
　　　　　URL：http//www.kyoikushinsha.co.jp/

■表紙カバー・本文デザイン　株式会社彩流工房
■印刷・製本　株式会社創新社
Printed in Japan
ISBN978-4-86371-369-7
定価はカバーに表示してあります。
乱丁・落丁はお取り替えいたします。（禁無断転載）